KB136046

그때 왜 그 선택을 했을까?

그때 왜 / 그 선택을 했을까?

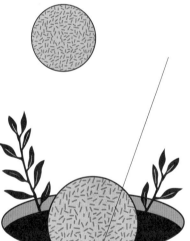

청즈량 지음
이무영 옮김

홍익출판 미디어그룹

이미 초심에서 멀어졌지만, 당신은 그것을 전혀 알지 못한다.

어제의 모습을 완전히 잃었지만, 당신은 절대 인정하지 않는다.

노력하고 또 노력하지만, 당신은 더 깊이 빠져들 뿐이다…….

최근에 읽은 어느 시집에서 이런 글을 보았다. 시인은 자신의 현재 상태가 본래의 자아의식으로부터 너무 멀리 떨어져 있는 것이 안타깝다고 썼다.

그렇다. 우리는 세월에 맞서 싸우며 살아가다가 언젠가부터 자기 자신을 잃어버리고 막연함에 떨며 상실감을 느낀다. 상실과 방황은 누구든 피할 수 없는 문제다.

사람들은 자신의 상실감이 돈이나 권력, 일, 인간관계 같은 것들과 연관이 있다고 생각하지만 사실 그런 것들은 아무 상관이 없다. 우리는 자신의 문제가 언제 어디서 시작되었는지 모르기 때문에 남의 인생을 대신 살다가 어느 날 문득 상실감에서 벗어나지 못한다.

자기 자신의 삶을 살아야만 가치를 발견하고 창출할 수 있으며 자기만의 탁월함을 꽃피울 수 있다는 사실을 기억하자. 그렇지 않으면 아무리 열심히 노력해도 자신의 삶은 없이 상실감으로 점철된 일상을 살아갈 수밖에 없다.

나는 독자 여러분이 진정한 자아의식을 찾는 데 도움을 주기 위해 이 책을 썼다. 모든 답은 여러분에게 달려 있음을 기억하기 바란다.

새로운 삶을 원하는가? 아니면 그럭저럭 살고 싶은가? 변화하지 않으면 고되고 고통스럽고 힘겨운 나날이 기다리고 있을 뿐이다. 오늘의 내가 내일의 나를 결정한다. 변화를 갈구하는 여러분의 건투를 빌며.

인생이라는 이름의
시소게임

chapter 01

무엇을 위해
살고 있는가?

성공을 찾아 떠난 사람들 이야기

―

어느 날 세 사람이 동시에 낭떠러지 앞에 도착했다. 이들은 모두 외나무다리를 건너 맞은편 계곡으로 넘어가려고 했다. 하지만 깎아지른 듯한 낭떠러지 아래로 강물이 세차게 흐르고 있어 자칫 떨어지기라도 하면 이승을 하직하는 시간이 기다리고 있을 것 같았다.

게다가 외나무다리는 한 번에 한 명밖에 건널 수 없어 그들은 누가 먼저 건널지, 어떻게 건널지 망설였다. 이때 네 번째 사람이 낭떠러지 앞으로 오더니 아무도 다리를 건너지 않는 광경을

보고 의아한 듯이 물었다.

"여기서 뭐 하세요?"

그러자 세 사람이 동시에 대답했다.

"건너편 계곡으로 건너가려고요."

이에 네 번째 사람이 고개를 갸웃거리며 물었다.

"건너편 계곡에는 왜 가려고 하죠? 거기 가서 뭐 하려고요?"

먼저 와 있던 세 사람은 뚱딴지같은 말만 늘어놓는 그를 이해

할 수 없다는 듯 바라보다가 그중에 한 사람이 이렇게 말했다.

"저 계곡으로 가면 더 나은 인생이 있다는 걸 모르세요?"

이 말에 이어서 첫 번째 사람이 말했다.

"나는 저기로 건너가서 의사가 될 겁니다. 아버지가 의사인데

항상 주위 사람들의 존경을 받고 있는 분이라 우리 집안의 자랑입니다. 내가 어릴 때부터 아버지는 나에게 어른이 되면 의사가되라고 말씀하셨습니다. 그래서 나도 훌륭한 의사가 되어 의미있는 삶을 살려고 합니다."

이 사람은 아버지라는 인생 모델에 갇힌 전형적인 사례다. 부모는 자신이 가치 있다고 믿는 방식으로 자녀를 교육하면서 아이가 자신의 염원대로 자라기를 바란다.

어떤 부모들은 아이에게 이것은 옳지 않다, 저것은 어리석다, 이것은 좋지 않다, 저것은 위험하다 끊임없이 충고하고 조언한다. 자녀가 본인의 생각과 상관없이 부모의 뜻대로 행동하기를 바라며 부모의 눈높이에서 더 좋고 더 안전한 방식으로 살라며 끝없이 채찍질한다.

두 번째 사람이 말했다.

"나는 대학교에 다닐 때 매년 장학금을 받을 정도로 뛰어난 학생이었죠. 지도 교수님은 나에게 남보다 앞서갈수록 잘 살 수 있다고 항상 말씀하셨습니다. 나는 다른 사람들이 오기 전에 빨리 건너가 새로운 인생을 개척하려고 합니다."

그는 특정한 가치관에 부합하도록 교육받고 안전한 방식, 옳은 방식, 좋은 방식을 배워온 우리 자신의 모습이다. 이로 인해 우리는 맹목적으로 남들과 경쟁하며 남보다 앞서야만 잘 살 수 있다고 믿어왔다. 그러면서 항상 큰소리쳤다.

"더 빨리 달려! 멈추면 지는 거야."

이어서 세 번째 사람이 입을 열었다.

"SNS에서 많은 사람이 퇴사 후에 스타트업을 창업해서 투자받는 것을 보셨죠? 요즘이야말로 창업하기에 적기라고 생각되어 오랜 꿈을 이루기 위해 다리를 건너려 합니다. 거기 가면 나만의 제국을 만들어 스티브 잡스처럼 위대한 경영자가 될 겁니다."

세 번째 사람은 마치 외나무다리만 건너면 곧바로 스티브 잡스처럼 될 수 있다는 듯이 말을 하면서 내내 행복에 젖어 있었다.

자기 자신이 존재하지 않는 인생

—

우리는 학교를 졸업하고 사회에 나오면 자신만의 공간과 능력이 땅에서 솟아날 거라고 믿는다. 그래서 크게 성공한 사람을 무의식적으로 따르고 그들의 성공 모델, 생활 방식, 심지어 옷차림까지 모방한다. 성공한 사람의 방식대로 살면 자신도 성공할 것이라는 환상에 사로잡혀서 사회적인 성공이야말로 사람답게 사는 유일한 길이라고 생각한다.

먼저 와 있던 세 사람의 말을 들은 네 번째 사람은 자기만 아무 생각 없이 살고 있음을 깨달았다. 그는 인생의 목적도, 의미도, 가치도 없이 살아가는 자신이 너무 불쌍하게 생각되었다.

한동안 생각에 잠겼던 그는 자신도 현재의 삶과 작별하고 낭떠러지 건너편에 가서 새로운 인생을 시작하기로 마음먹었다. 그래 맞아, 모든 사람이 다리만 건너면 새로운 세상이 열린다는데 나라고 외면할 수 없지……. 그는 뒤도 안 돌아보고 먼저 와 있던 사람들 틈에 합류했다.

이 이야기를 통해 우리는 사람이 어떻게 틀에 박힌 존재로 바뀌는지를 알 수 있다. 이렇게 고착된 자아의식은 웬만한 충격에도 흔들리지 않고 고집스럽게 자기만의 길에 매달리게 된다.

우리들 대부분은 자기가 구축해 놓은 확실성과 안전감 속에서 살아가면서도, 마음속으로는 다양한 속박에 갇혀서 두려움에 떤다. 눈치챘겠지만, 위 이야기에 등장하는 네 사람은 모두 타인의 기대에 부응하기 위해 외나무다리를 건널 결심을 했다.

타인의 기대에 부응하기 위해 살아가는 그들의 모습에서 그 사람만의 진짜 삶은 찾아볼 수 없다. 이런 사람들의 특징은 하루하루 꾸려가는 일상 속에서 자신의 생각과 소망이 없고, 자기답게 살 수 없으며, 자신이 바라는 대로 사는 능력을 상실한다는 점이다.

100년을 살아도 자기 자신은 없는 허망한 인생으로 살아갈 것인가? 위에서 만난 네 사람은 우리에게 그런 질문을 던지고 있다.

chapter 02

뭔가를 추구하려면
대가가 따른다

모든 대가는 무섭다

—

외나무다리를 건너려던 사람들은 뜻을 이루었을까? 낭떠러지 건너편에는 무엇이 그들을 기다리고 있었을까? 이야기를 더 들어보자.

맨 먼저 외나무다리를 건넌 사람은 남보다 앞서가야 잘 살 수 있다고 했던 두 번째 사람이었다. 그는 평소의 소신대로 맨 앞에 섰지만, 너무 성급히 건너려다 몇 발짝 못가 발을 헛디뎠고 가까스로 중심을 잡으면서 끔찍한 사고는 면할 수 있었다.

나머지 사람들이 힘을 모아 외나무다리에서 오도 가도 못하며 매달린 두 번째 사람을 끌어올렸다. 깎아지른 벼랑 아래 펼쳐진 죽음의 문턱까지 갔다 돌아온 두 번째 사람은 바닥에 털썩 주저앉았다.

그는 남보다 앞서가야 잘 살기는커녕 앞서려다 죽을 수도 있음을 깨달았다. 한동안 어떻게 해야 할지 몰라 망설이던 그는 다리를 건너겠다는 맹목적인 목표를 포기하고 그냥 이곳에서 평범하지만 편안한 삶을 살기로 결심했다.

그는 이 일을 계기로 남보다 앞설수록 우월한 위치에 오른다는 생존 법칙이 통하지 않는 것을 알게 되었다. 인생이 그렇게 쉬운 것이라면 왜 실패자가 나오고 절망에 발이 묶이는 사람이 나오겠는가?

우리가 무엇인가를 추구할 때는 반드시 대가를 치러야 한다. 대가는 무섭다. 우리가 온 마음으로 지켜온 가치관도 한순간에 무너져 버릴 수 있고, 기대감으로 부풀었던 인생이 굴욕적인 좌절을 겪으며 돌연 모래알이 될 수도 있다.

그렇게 되면 이제부터 어떻게 해야 좋을지, 누구의 말을 믿어야 할지 모른 채 출발점에서 한 발짝도 움직이지 못하고 그냥저냥 살아갈 수밖에 없다.

다리를 건너가 훌륭한 의사가 되겠다던 첫 번째 사람은 두 번째 사람에게 벌어진 일에 너무 놀라 외나무다리만 봐도 두려움이 밀려오고 마음이 크게 흔들렸다.

하지만 아버지의 간곡한 당부를 생각하면서 최선을 다해보기로 했다. 그렇게 첫 번째 사람도 외나무다리에 올라섰고, 흔들흔들 휘청거리면서도 다행히 다리를 잘 건넜다. 하지만 막상 다리를 건넌 후에 주위를 둘러보던 그는 어안이 벙벙했다.

그곳은 자신이 상상했던 풍경이 아니었다. 척박한 땅에 드문드문 솟아난 잡초들이 먼저 눈에 띄었고, 또 다른 낭떠러지와 외나무다리가 기다리고 있었다. 너무 기가 막혔다. 그래도 그는 모든 어려움을 이겨내고 몇 년 후 마침내 의사가 되겠다는 꿈을 이루었다. 숱한 우여곡절이 있었지만 참고 견뎌냈더니 어릴 때부터의 소원을 간신히 이룰 수 있었다.

그러나 그것만이 전부는 아니었다. 그는 어느 병원에 취직해서 인턴으로 일하는 2년 동안 월급도 제대로 받지 못하고 병원에서는 중요한 임무를 맡지 못했다. 허구한 날 보조 역할만 할 뿐이고 자질구레한 일들로 쉴 새 없이 바쁘기만 했다.

굳건한 의지로 아버지와의 약속을 지켰지만, 눈앞에 펼쳐진 것은 아름다운 미래가 아니라 끝없이 이어진 외나무다리뿐이었

다. 그는 너무도 막막하고 암담해서 어떻게 해야 할지 모른 채 하루하루를 보내고 있었다.

창업을 하겠다던 세 번째 사람은 다행히 외나무다리를 훌쩍 건너간 후에 그 뒤로 이어진 외나무다리 여러 개를 연달아 건넜다. 그는 연이어 투자자들을 만나 자신의 프로젝트를 설명했다.

하지만 투자자들은 그에게 훌륭한 팀이 없다거나 프로젝트에 핵심 경쟁력이 없다는 이유로 번번이 투자를 거절했다. 그럼에도 그는 포기하지 않고 묵묵히 자신의 길을 갔고, 2년 후에 마침내 투자자를 만나 얼마간의 성과를 거두었다.

하지만 그의 앞길에는 여전히 많은 외나무다리들이 끊임없이 나타났다. 그럴 때마다 도대체 얼마나 많은 다리를 더 건너야 자신이 꿈꿨던 삶이 펼쳐지는지 궁금했다. 그는 이제 자기 마음대로 할 수 있는 일은 아무것도 없는 신세였다. 투자자들이 채찍질을 하듯이 닦달하는 통에 전력을 다해 계속 일할 수밖에 없었다.

아름다운 삶을 누리고자 뒤늦게 외나무다리를 찾았던 네 번째 사람도 용기를 내어 외나무다리를 건넜다. 하지만 낭떠러지 건너편의 광경을 보자 자신이 속았다는 생각이 들었다.

"이런 사기꾼들! 더 나은 인생은 개뿔! 여기는 외나무다리만 잔뜩 이어지고 있는데, 무슨 천국이 있다고 그래?"

남의 얘기만 듣고 시간을 허비한 그는 앞으로 어떻게 해야 할지 생각이 나지 않았다. 원래의 자리에 돌아가도 새로운 세상이 있을 리 없고, 외나무다리를 계속 건너자니 화려한 삶이 펼쳐지는 땅이 나올 것 같지도 않았다.

외눈박이 물고기가 살아가는 법
—

우리는 살면서 이런 사람을 많이 본다. 이들은 언제나 미친 듯이 남의 뒤꽁무니만 따라다닌다. 누군가 식당을 오픈해서 큰돈을 벌면 바로 비슷한 식당을 차리고, 누군가 주식으로 돈을 벌었다 하면 황급히 주식시장을 기웃거린다.

하지만 막상 일을 시작해 보면 뜻대로 풀리지 않는다는 걸 알게 된다. 자신의 모든 것을 거기에 걸었는데 이제 누구를 믿어야 할지 모르겠고, 누구의 말이 사실인지 혼란스럽다. 우왕좌왕, 전전긍긍, 그들의 삶은 이런 표현으로도 부족한 방황으로 점철될 뿐이다.

이야기 속에 등장하는 네 사람은 생각이 외눈박이 물고기처럼 한 방향으로만 고착되어 있기에 아무리 열심히 살아도 반드시 좌절감을 겪게 되어 있다. 따라서 좌절을 털고 일어나려면 좌절이 어디서 어떻게 왔는지 반드시 이해해야 한다.

외나무다리를 건너 명망 있는 의사가 되겠다던 사람은, 의사라는 직업이 매우 자랑스러운 일일뿐더러 의사만 되면 사람들의 존경을 받을 거라고 생각했다. 그러나 막상 의사가 되고 보니 이 직업이 매우 고생스러운 일의 연속임을 알게 되었다.

스타트업 창업을 꿈꾸는 사람은 사업을 시작만 하면 스티브 잡스나 마윈馬雲, 세계적인 전자상거래 기업 알리바바 그룹 창업자 같은 사람이 될 거라고 생각했다. 하지만 그는 지금 투자자들 눈치를 보느라 쉴틈 없이 일하면서 무엇도 자기 마음대로 할 수 없는 처지가 되었다.

그런가 하면 남보다 앞서갈수록 잘 살 수 있다고 믿었던 사람은 외나무다리 아래로 떨어져 죽을 뻔했다. 뭔가를 추구하면 좋은 성과를 거둘 거라 믿었지만 내딛는 발걸음마다 좌절뿐이었다.

만일 당신이 살면서 자주 좌절감을 느낀다면, 이 사람들의 삶을 거울삼아 자신을 돌아보기 바란다. 좌절감의 원인은 어쩌면 자신이 아닌 남의 삶을 추구하며 살아왔기 때문이 아닐까? 아니면 자기 것이 아닌 목표를 추구했기 때문일까? 결국 지금 그것에 따른 대가를 치르고 있는 것은 아닐까?

이쯤에서 한 가지 의문이 떠오른다. 우리가 무엇을 바라고 추구할 때 좌절감이 뒤따르는 이유는 무엇일까? 그 이유는 자신의 신념을 따르지 않고 남들이 정해놓은 삶의 규칙을 따르기 때문은 아닐까?

현실 세계는 모든 것이 불확실하다. 네 사람이 우여곡절 끝에 외나무다리를 건넜어도 그것으로 끝이 아니라 또 다른 외나무다리가 연달아 기다리고 있었다. 이것만 봐도 현실의 불확실성을 확실하게 알 수 있다.

남들이 좋다고 규정해 놓은 것들은 그들에게 속한 것일 뿐, 당신의 이야기는 아니다. 어떤 사람이 엄청난 성공을 거두어 만인

의 부러움을 받는다면, 그것은 그냥 그 사람의 이야기일 뿐이다. 앞의 외나무다리와 네 사람에 얽힌 이야기는 우리에게 자기만의 스토리를 만들어 내는 삶이 진짜 성공하는 것임을 말해준다.

지난날의 허물을 씻어내는
단 하나의 방법

잘될 수 있었는데 아쉽게 안 된 것처럼

—

아카이阿凱는 잘생기고 유쾌한 청년이지만, 30대에 접어든 그의 감성은 인생의 새로운 단계를 맞이할 준비가 아직 덜 된 것 같다.

아카이는 얼마 전 헤어진 여자친구가 집안도 좋고 자신에게 잘해줬다며 동료들에게 자주 이야기를 했다. 회사 사람들은 아카이의 연애사를 거의 다 알고 있을 정도였다. 특히 가장 최근에 헤어진 여자가 더 그랬다.

퇴근 무렵이면 그 여자가 자동차를 몰고 와 회사 앞에서 기다렸다. 둘이 함께 맛집을 순례하기도 하고, 뮤지컬 공연을 관람

24 　　　　　　　　그때 왜 그 선택을 했을까?

하기도 하며 행복한 나날을 보냈다. 하지만 그녀가 부모와 함께 미국으로 가면서 헤어지고 말았다.

나중에 회사 동료들은 그의 연애 편력에서 한 가지 특이한 사실을 발견했다. 그는 그동안 모두 네 명의 여자친구를 사귀었는데, 매번 여자들이 해외로 나가면서 이별하게 되었다는 것이다. 두 사람은 미국, 다른 두 명은 유럽으로 떠났다고 했다.

하지만 그건 모두 거짓말이었다. 사실 그가 사귄 여자친구들은 누구도 해외에 나가지 않았다. 그는 여자들로부터 이별 통보를 받았다는 사실을 감추기 위해 자신의 연애사를 최대한 미화해 과시하려고 했던 것이다.

많은 사람들이 지난날의 사랑 이야기를 할 때면 의식적으로 과장해서 말하곤 한다. 그것뿐인가, 자신이 학창 시절에 얼마나 선생님의 사랑을 받았는지, 자신의 커리어가 얼마나 화려했는지, 이런 식으로 자신의 과거를 더없이 아름답게 포장하려고 한다.

우리는 만족스럽지 않은 자아를 마주하면 더 이상 기분이 상하지 않기 위해 과거의 기억을 조작하여 자신을 출중하고 훌륭한 모습으로 재해석한다. 그렇게 현재 자신에게 우수하고 탁월한 잠재력이 남아 있음을 나타내려는 것이다.

우리는 과거에 자신이 성취감을 느끼고 행복했던 시간은 쉽게 떠올리는 반면에 좌절감을 느꼈거나 곤혹스러웠던 일은 잘 기억나지 않는다. 어쩌다 안 좋은 일이 떠오르더라도 좋았던 기억으로 재빨리 각색하기도 한다.

나에겐 수영 실력이 대단한 친구가 있다. 어느 날 그가 중학교에 다닐 때 지역 수영대회에 참가했던 이야기를 들려주었다. 친구는 그 대회에서 3위의 성적을 거두었다면서 이렇게 말했다.

"참가자들이 모두 쟁쟁한 실력자들이었어. 나는 처음으로 큰 대회에 참가하는 거라 너무 긴장해서 실력을 제대로 발휘하지 못했어. 잘했으면 1등을 할 수 있었을 텐데……."

우리는 이렇게 과거의 실패 경험을 '잘될 수 있었는데 아쉽게 안 된 것처럼' 재해석하곤 한다. 이런 태도는 위험하다. 만족스럽지 않은 자신의 모습을 직시할 수 없고, 직시하기를 원하지도 않게 되기 때문이다.

우리가 과거의 일을 얼마나 후회하고 자책하는지에 관계없이, 우리가 과거 상황을 반복해서 다시 생각하는 것은 당시 자신의 잘못과 실수에서 벗어나고 싶은 마음이 간절하기 때문이다.

더 이상 같은 잘못을 저지르지 말자

—

한 젊은이가 오랫동안 자신을 괴롭혀 왔던 일을 나에게 이야기해 줬다. 그가 지방에서 대학을 나오고 처음 베이징에 갔을 때, 마땅한 직장을 찾지 못해 한동안 식당에서 아르바이트를 했다. 그는 항상 열심히 일했고, 식당 사장으로부터 인정받았다.

하지만 석 달 정도 지나서 예상치 못한 일이 일어났다. 식당이 곧 철거될 예정이라 급히 새 일자리를 찾아야 했던 것이다. 이때 식당 사장은 그가 대학에서 회계를 배웠다는 사실을 알고 무역회사를 운영하는 친구에게 추천해 주었다.

얼마 후 그는 그 회사에 면접을 보러 갔다. 제법 규모가 있는 회사라 한편으로는 겁이 났다. 내가 잘할 수 있을까? 사장으로부터 영어를 구사할 줄 아느냐는 질문을 받고, 그는 망설일 틈도 없이 고개를 끄덕였다. 소소한 문서 정도야 컴퓨터에서 번역기를 돌리면 해결되지 않을까 하는 생각이 번개처럼 스쳤던 것이다.

그런데 갑자기 사장이 그에게 두툼한 영문 서류를 내놓고 해석해 보라고 했다. 빼곡히 들어찬 영문들을 한 글자도 읽을 수 없었던 그는 아연실색했다. 이 정도일 줄은 몰랐기에 눈앞이 캄

캄했다. 난처해하는 그를 지켜보고 있던 나이 지긋한 회사 임원이 화를 내며 말했다.

"이보게, 할 줄 모르면 모른다고 해야지, 어딜 속이려 들어? 그렇게 정직하지 못하면 어딜 가든 망신을 당해!"

그는 쥐구멍에라도 들어가 숨고 싶은 생각뿐이었다. 사장이 친구의 체면을 생각한 듯 이렇게 말해주었다.

"괜찮아요. 기본적인 영어를 배우고 나서 다시 면접을 보러 오세요."

식당에 돌아온 그는 사장에게 죄송하다고 했고, 그날로부터 곧장 영어학원에 등록했다. 1년 뒤, 그는 다른 회사에 취업해서 착실히 커리어를 쌓아가고 있었지만 그때 그 거짓말 때문에 여전히 양심의 가책을 느꼈다. 당시에는 정말로 일자리가 절실했기 때문에 자신도 모르게 거짓말을 했지만, 그는 틈만 나면 그 당시를 회상하며 과거에 일어난 일을 바꾸고 싶어 했다.

사람들은 다른 사람의 지지를 받지 못한 것에 후회한다. 그 후회를 통해 자신의 좋은 이미지를 유지하고자 하고, 자아의식 세계에서 영원히 흠잡을 데 없이 완벽한 사람이 되고자 한다.

우리는 또한 후회를 통해 자신에게 양심이 있다고 위안하고,

자신이 잘못을 저지른 데는 다 그럴 만한 이유가 있었다고 변명하곤 한다. 하지만 아무리 변명을 늘어놓아도 큰 의미는 없다. 과거의 잘못에 대해 우리가 의미 있게 만들 수 있는 단 한 가지는 같은 잘못을 두 번 다시 되풀이하지 않는 것이기 때문이다.

chapter 04

내일을 기다리는
사람들

나중에, 다음에, 내일부터……

—

우리 주위를 둘러보면 자아에 대한 니즈needs가 미래에는 꼭 충족될 거라고 믿는 사람이 아주 많다. 그들은 입만 열면 이렇게 말한다.

"나는 나중에 할 수 있어, 다음에 꼭 할 거야, 내일부터 할 수 있어……."

그들은 내일의 무대에서 무한한 가능성을 지닌 자아를 만날 수 있을 거라고 믿는다. 이렇게 미래에 대한 환상에 빠지는 것은 과거의 기억을 왜곡하는 것보다 훨씬 쉽다. 사전에 각본을 준비할 필요도 없이, 상상하는 것만으로도 모든 일이 가능하기 때문이다.

사람들은 자신의 현실을 직시할 수 없을 때, 지푸라기라도 잡고 싶은 심정으로 미래에 대한 환상에 빠져든다. 자신을 변화시키는 일을 내일의 나에게 떠넘기고, 내일은 모든 일이 다 잘될 거라고 스스로에게 주문을 건다.

업무 실적이 부진할 때는 다음엔 스스로를 실망시키지 않을 거라며 위로한다. 하지만 다음이 지나고 그다음이 와도 그는 다시 다음 기회를 기다린다. 하지만 그런 사람은 내일이 지나고 모레가 와도, 또다시 그다음 날 저녁을 기다린다.

내 친구 아쮜안阿娟은 30대 중반의 커리어 우먼으로 자기 분야에서 꽤나 이름이 알려져 있다. 그런데 아직 남자친구가 없어 마음이 조급해지자 친구들에게 괜찮은 남자를 소개시켜 달라고 부탁했다. 어느 날 나와 식사를 하던 중에 그녀의 휴대폰이 울렸다. 그녀가 수줍게 웃으며 말했다.

"미안한데, 아무래도 소개받은 남자한테 전화가 온 것 같아."

전화를 받은 아쮜안이 상대에게 여러 가지 질문을 던졌다.

"지금은 무슨 일을 하세요? 자동차는 있어요? 집은 있나요? 독립적으로 어떤 일을 해봤나요?"

그런 모습을 보며 나는 적잖이 놀랐다. 그녀가 통화를 마치자 내가 농담 삼아 말했다.

"이건 뭐 회사 면접보다 더한데?"

그러자 아줘안이 웃으며 말했다.

"세상에는 자신이 뭘 할 수 있는지, 뭘 해야 하는지, 어떤 일을 해왔는지 스스로에게 질문해 본 적도 없으면서 자신감이 넘쳐 스스로를 높이 평가하는 사람이 많아. 자신을 위해서 아무 일도 해본 적 없는 사람이 과연 남을 위해서 뭘 할 수 있을까? 그냥 꿈만 꾸고 있는 사람이 너무 많아. 믿음이 안 가는 사람과 결혼하고 싶은 사람은 아무도 없을 거야. 내 질문들에 겁먹은 사람은 자동 탈락이고, 살아남은 사람 중에서 남자친구를 골라 보려고 해."

그리고 그녀는 이런 말을 덧붙였다.

"좀 전에 통화한 사람은 차도 없고 집도 없대. 그렇다고 학벌이 좋은 것도 아니고, 뭔가 납득할 만한 일을 하는 것도 아니야. 내가 차도 있고 집도 있는 남자친구를 사귀고 싶다는 건 아니고, 단지 그 사람이 뭘 할 수 있는지 알고 싶을 뿐이야. 지금까지 이뤄놓은 게 아무것도 없다니 자신의 삶에 무책임한 사람이 다른 사람에게 책임감을 가질 수 있을까?"

현재를 오롯이 살지 못하는 사람들

—

아쥐안의 말에 일리가 있어 나도 모르게 고개를 끄덕였다. 그러면서 생각했다. 아쥐안이 남자친구를 고르기 위해 던졌던 질문들을 자기 자신에게 던질 만큼 용기 있는 사람이 있을까?

우리는 가슴에 희망을 가득 품고 눈부시게 아름다운 내일을 상상하는 데 너무도 익숙하다. 그러나 자아의 관념 속에서 아주 많은 일을 꿈꾼다 해도 현실에서는 아무도 우리를 기다려 주거나 봐주지 않는다.

무거운 몸뚱이를 움직일 생각을 전혀 하지 않는 사람, 다시 말해서 자신의 미래를 준비하기 위해 적극적으로 노력하지 않는 사람이 너무도 많다. 자신이 원하는 대로 행동 습관을 통제하지 못하는 사람들은 현실을 벗어나 미래로 도피해서 자아를 미화하려고 하는데, 이는 인생의 빚을 무기한으로 짊어지고 살아가는 것과 같다.

우리는 '오래전부터 해보고 싶은 일이 있는데, 아직까지도 그 마음은 변함이 없어요'라는 말을 종종 한다. 언뜻 들으면 어떤 일을 하려고 큰마음을 먹은 것 같지만, 사실상 그 일에 대해 생각만 하고 있다는 표현일 뿐이다.

　우리 주변엔 오래전부터 직업을 바꾸고 싶어 하면서도, 지금 하는 일에 발이 묶여서 죽을 때까지 그 일에 치여 지내는 사람이 너무 많다.

　그동안 부모님께 효도하지 못해서 죄송스럽다고 느끼면서도 여전히 부모님을 자주 찾아뵙지 않는 사람이 많다. 껍데기뿐인 결혼생활을 유지하고 있으면서도 애정을 되살리려는 노력은 하지 않는 사람도 있다. 비만 때문에 늘 고민이 많지만 여전히 식탐을 버리지 않는 사람도 있다……. 다음에 할 거야, 내일부터 할 거야, 이렇게 한결같은 태도로 미래에 자기 삶을 맡기는 태도를 보면 정말 놀라울 따름이다.

　우리는 그렇게 상상의 세계에 머물면서 내일은 상황이 좋아질 거라며 희망의 끈을 놓지 않는다. 하지만 발목을 잡는 불쾌한 일과 머리를 지끈거리게 하는 고민거리들이 저절로 사라질까? 아름다운 미래를 꿈꾸는 동안 많은 사람들이 현재의 삶을 살지 못한다.

chapter 05

곱씹기 습관의
함정

어느 연인들의 말다툼

—

우리가 어떤 문제를 계속 곱씹으며 고심할 때, 생각의 파도 속
에서는 어떤 상황들이 만들어진다. 원래는 별것 아니었던 일이
받아들이기 힘들 만큼 커져버리는 것이다. 이렇게 곱씹어 생각
할수록 고통의 무게가 끝도 없이 커지지만 우리는 습관처럼 곱
씹기에 집착할 때가 많다.

TV에서 여자친구의 성격을 테스트하는 프로그램을 본 적이
있다. 한 남자가 제작진과 인터뷰를 하면서 자신의 여자친구가
성격이 매우 좋다고 말했는데, 정말 그런지를 깜짝카메라로 관

찰하는 내용이었다.

여자친구와 레스토랑에 간 남자가 잠시 화장실에 다녀오겠다며 자리를 떴다. 잠시 후 테이블에 놓여 있던 남자의 휴대폰으로 전화가 왔는데 발신자가 예쁜 이름의 여성이었다. 그런데 문제는 휴대폰 화면에 '사랑해요~'라는 문구와 함께 친밀한 사이임을 나타내는 이모티콘이 떠 있다는 사실이었다.

이것은 모두 제작진이 사전에 세팅해 둔 것인데, 여자친구는 남자의 휴대폰을 가져와 힐끗 본 후 다시 한쪽에 놓아두었다. 남자가 돌아오자 여자친구는 방금 전에 전화가 왔었다고 말했고, 남자는 휴대폰을 한 번 쓱 쳐다보더니 아무 말도 하지 않았다.

여자친구는 살짝 짜증이 난 듯 보였지만 묵묵히 식사를 했다. 몇 분이 지나도 남자가 계속 아무 말도 하지 않자, 그녀는 접시 위의 음식을 마구 휘저으며 신경질적으로 물었다.

"방금 누구 전화였어?"

"직장 동료야."

남자가 짧게 대답하자 더 이상 추궁하지 않았지만 분위기는 여전히 심상치 않았다. 여자친구는 표정이 굳은 채 남자가 더 상세히 해명해 주기를 기다리는 듯했지만, 그는 아무런 대응도

하지 않았다.

이때 예상치 못한 상황이 발생했다. 여자친구가 포크로 테이블을 탁탁 두드리며 말했다.

"동료? 동료한테 그런 식으로 연락이 와?"

둘이 금방이라도 크게 싸울 것 같았기에 제작진이 급히 나와 사태를 수습했다.

여기서 여자친구가 처음에 침묵하고 있었을 때 실제로는 뭘 했을지 한번 생각해 보자. 성격이 좋아서 참고 있었을까? 물론 아니다. 여자는 계속 곱씹고 있었다. 그녀가 전화에 대해 캐묻지 않은 것은 남자가 스스로 이실직고하기를 기다렸기 때문이다. 이때 여자는 '어디, 뭐라고 변명하는지 한 번 두고 보자'고 생각했을 것이다.

그런데 남자가 한마디 해명도 하지 않자 여자친구는 이렇게 생각했을 것이다.

'아무 일도 없었다는 듯이 시치미를 떼겠다는 거야? 누굴 바보로 알아! 내가 다 봤는데? 좋아, 얼마나 버티는지 두고 보자.'

그리고 나서 여자는 이렇게 생각했을 것이다.

'상황을 잘 설명하면 내가 널 용서해 줄 수도 있어……'

하지만 남자가 시치미를 뚝 떼며 아무 반응을 보이지 않자 음식을 마구 휘젓기 시작했다. 여성이 이렇게 상황의 심각성을 알리고 있는데도 남자는 여전히 묵묵부답이다.

'나쁜 자식, 끝까지 숨기겠다는 거야!'

여기까지 생각이 이르자 여성은 결국 폭발했다. 여기서 포인트는 깜짝카메라가 진행되는 동안 남자는 짧은 대답 외에 별다른 말이 없었는데, 여자 혼자서 상상의 나래를 펼쳤다는 데 있다.

여자친구는 좀 전의 전화를 아무리 생각해 봐도 이해할 수 없었다. 그래서 남자가 해명해 주기를 간절히 바랐지만 그는 아무 일도 없는 듯 무심했고 여자는 여러 생각에 빠져들다 결국 폭발했던 것이다.

왜 자기만의 생각으로 이상한 스토리를 만들어 낼까?

—

누구나 자신도 모르는 사이에 머릿속으로 뭔가를 곱씹어 본 적이 있을 것이다. 이렇게까지 생각하는 것이 쓸데없는 일이고, 그러면 본인만 괴롭다는 걸 잘 알면서도 우리는 생각을 멈출 수가 없다. 그 이유가 무엇일까?

인간의 뇌는 언제나 눈앞에 보이는 사물을 강박적으로 해석하려고 한다. 미국의 심리학자 마이클 가자니가_{Michael Gazzaniga}는 좌뇌가 주변 상황에 대한 해석을 담당한다는 사실을 밝혀냈다. 그는 이렇게 말했다.

"인간의 뇌는 파편화된 정보를 강박적으로 재구성하고 해석해서 스토리를 만들어 냄으로써 자아를 통제한다."

깜짝카메라 속 여성은 휴대폰에 저장된 이름과 그 아래 보이는 귀여운 이모티콘, 그리고 남자친구의 무반응 같은 단편적 정보를 기반으로 끊임없이 확대 해석하고 스토리를 만들면서 무슨 일이 벌어지고 있는지 확실히 파악하려고 했다.

얼마 지나지 않아 여성은 자신이 각색한 스토리로 인해 화가 치밀어 올랐고, 결국 남자에게 분노를 터뜨렸다. 이것이 눈앞에 펼쳐진 의미를 곰곰이 되새기는 곱씹기의 전형적인 결말이다.

사람들은 왜 이렇게 강박적으로 현재 상황을 해석하려고 할까? 그 이유는, 그렇게 해석하는 과정에서 '내가 이 세상을 이해하고 통제하고 있다'는 자의식을 갖게 되기 때문이다.

여기서 한 가지 궁금증이 생긴다. 여자친구는 왜 남자에게 직접 상황을 물어보지 않았을까? 여자는 속 좁은 사람처럼 보이거나 남자에게 너무 집착하는 듯하게 보일까 봐 대놓고 물어보지 못했을 것이다.

그럼에도 여자친구의 기대를 저버리고 남자가 아무런 해명도 하지 않자, 그녀는 곱씹어 생각하면서 상황을 확인하고 통제하려고 했다. 자기만의 관념 속에서 가설을 세우고 상상하느라 그녀도 괴로웠을 것이다. 그렇게 계속 곱씹으면서 분노를 키우다 결국 폭발하고 말았다.

스스로 상황을 통제할 수 없을 때, 자아는 눈앞에 펼쳐진 일들을 끊임없이 곱씹어 보면서 무슨 일이 벌어지고 있는지 파악하려고 한다. 문제는 이런 식의 곱씹는 습관으로는 문제를 해결할 수 없다는 점이다.

그리고 이 일을 통해 우리가 깨닫게 되는 것은 혼자만의 세계에 침잠하여 곱씹고 또 곱씹는 습관을 버려야 한다는 것이다. 이 여성의 경우라면 남자친구에게 직접적으로 말을 했어야 했다. 방금 전에 전화가 왔었는데, 어떻게 된 일이냐고 물었다면 남자는 에둘러 대답하지 않고 사실을 있는 그대로 말했을 것이다.

남자친구에게 또 다른 여자친구가 있을지 모른다는 환상에 빠져서 이러한 상황을 곱씹다 보면 그 환상은 현실보다 훨씬 더 복잡하고 큰 문제로 다가온다. 그것이 바로 곱씹기 습관의 함정이다.

　세상을 살면서 문제를 회피하지 않고 정면에서 마주하는 것이 중요하다. 우리가 걱정하는 것의 90%는 쓸데없는 걱정이라는 말이 있다. 이런 걱정거리들은 대부분 상황을 회피하고 외면하다 점점 더 부풀려진 것임을 잊지 말자.

chapter 06

그 소년은
왜 극단적 선택을 했을까?

소년은 왜 그런 선택을 했을까?

—

사소한 일을 너무 심각하게 받아들이는 바람에 힘들고 괴로울 때가 많다. 그러다 보면 괴로운 정도를 넘어 감당할 수 없는 비극으로 변하기도 한다. 하지만 우리를 이토록 고통스럽게 하는 것들의 실상을 들여다보면 그다지 중요한 일이 아닐 때가 많다. 우리는 왜 이런 습관에 사로잡히고, 심지어 극단적인 생각까지 하는 것일까?

신연을 당하면 당장 죽을 것 같고, 내일이 오지 않을 것 같다. 다시는 사랑하는 사람을 만나지 못할 것 같아 차라리 죽는 게 낫다고 생각하는 경우도 있다. 사업에 실패했을 때는 다시는 재기할 기회가 없고, 인생이 끝났다고 생각한다.

이처럼 우리는 일상적인 일을 인생 전체와 연관시킴으로써 사태를 매우 심각하게 인식하며 고통에 빠진다. 하지만 그때 우리가 중요하다고 인식했던 일들을 돌이켜 생각해 보면 헛웃음이 나오는 경우가 많다. 눈앞에 놓여 있는 문제들을 곱씹다 보면, 점점 더 걱정거리가 부각되고, 고통과 괴로움을 가중시킨다.

얼마 전 초등학교 6학년 남학생이 수업시간에 갑자기 교실에서 나와 학교 건물 4층으로 올라간 뒤 곧바로 투신해 숨지는 안타까운 사건이 일어났다. 그 학생이 교실에서 나와 옥상까지 달려간 시간은 불과 3분이 채 안 되었다.

누구보다 활발하고 명랑했던 열두 살 소년은 이제 막 초등학교 졸업을 앞두고 있었다. 더구나 그 아이는 졸업식의 사회를 맡고 있었고, 그 사건은 바로 졸업식 당일에 발생했다. 이런 상황에서 소년이 그런 결정을 감행하리라곤 아무도 예상하지 못했다.

졸업식 당일 대체 무슨 일이 있었기에 소년이 그런 선택을 했던 것일까? 학교 CCTV를 통해 당시의 상황을 확인할 수 있었다. 오전 8시 20분, 수업이 시작되었다. 이때 교실의 책걸상이

'ㅁ'자 모양으로 배치돼 있었다. 그날 오후에 졸업식이 있었기 때문에 소년을 비롯한 몇몇 친구들이 하루 전날 자발적으로 책걸상을 그렇게 배열해 놓은 것이었다.

그런데 수업이 시작되자 선생님이 수업하기 불편하다며 책걸상 배열을 원상태로 되돌려 놓으라고 했다. 학생들은 책걸상을 옮기기 시작했고, 이제 남은 것은 그 소년의 책상뿐이었다. 소년은 의자에 딱 버티고 앉아 꿈쩍도 하지 않고 있다가 갑자기 울기 시작했다.

그러고 나서 누구도 예상치 못한 끔찍한 비극이 발생했다. 오전 8시 55분, 소년은 갑자기 책상을 힘껏 내리치더니 일어나 교실 밖으로 뛰어나갔고 4층으로 달려갔다.

생각을 곱씹다 보니 문제가 커졌다
—

여기서 책임 소재를 가리자는 것은 아니고, 응석받이로 자란 요즘 아이들의 문제를 얘기하려는 것도 아니다. 소년이 그날 아침, 교실 의자에 앉아서 무슨 생각을 했는지 생각해 보려고 한다. 바로 그 생각들이 소년을 죽음으로 내몰았기 때문이다.

이 사건을 접한 사람들은 '이게 죽기까지 할 일인가?' 하고 생각할 수도 있다. 어떤 일이 중요한지는 그 일이 실제로 중요한 의미가 있는지에 달려 있지 않고, 우리의 관념 속에서 어떻게 인식되며 어떻게 받아들여지는가에 달려 있다.

다시 말해서 우리의 뇌가 어떻게 해석하느냐에 달려 있다는 것이다. 소년은 사소하고 평범해 보이는 이 일을 매우 심각하게 생각했음이 틀림없다. 소년에게 너무 중요해서 도저히 받아들일 수가 없었고, 결국 참극이 벌어졌다.

중요한 일이 되려면 두 가지 필수조건이 충족되어야 한다. 첫째, 그 일이 관념 속에 머물러 있어야 한다. 관념 속에 머무는 시간이 길어질수록 그 일은 점점 더 중요해진다. 둘째, 끊임없이 생각해야 한다. 그럴수록 그 일은 점점 더 중요해진다.

꼼짝도 하지 않고 의자에 앉아 있던 그 몇 분 동안, 소년의 뇌는 잠시도 쉬지 않고 계속 생각하고 있었을 것이다. 그리고 자신이 좋은 의도로 한 일인데 선생님이 이를 거부했다고 생각했을 것이다. 소년에게는 자존심의 문제였다. 오늘이 졸업식인데 왜 굳이 수업을 해야 하는지도 생각했을 것이다.

문제는 또 있었다. 내가 여기 이렇게 억울하게 앉아 있는데

그때 왜 그 선택을 했을까?

선생님과 친구들이 아무 반응도 보이지 않았다는 것이다. 그래서 소년은 모두를 후회하게 만들어야겠다고 생각했을 것이다. 처음엔 사소해 보였던 일이 점점 커져서 결국 소년의 목숨을 앗아갔다.

이런 이야기에서 배울 수 있는 것 중 하나는, 우리가 좌절을 겪을 때 오랫동안 혼자 있는 것은 결코 좋지 않다는 것이다. 그런 상황에서는 의식적으로 관심을 다른 곳으로 돌리기 위해 무슨 일이든 적극적으로 찾아서 해야 한다. 절대 혼자서 문제를 곱씹는 행위는 금물이다.

그리고 만일 우리 주변의 누군가가 그런 기미를 보인다면, 반드시 주의를 기울여야 한다. 우리의 무관심이 누군가를 비극으로 몰아갈지 모르기 때문이다.

소년에게 책걸상의 배열을 바꾸는 일이 왜 그토록 중요했을까? 문제는, 소년이 이 일을 자신의 신념과 연관시켰다는 것이다. 자신이 선의로 행한 일에 대해 선생님께 칭찬을 듣기는커녕 책걸상 배열을 원상태로 되돌려 놓으라니, 자신의 자존감이 거부당한 것이라고 생각한 것이다.

게다가 소년이 비티고 앉아 있던 얼마의 시간 동안 선생님과 친구들은 아무도 신경 쓰지 않았다. 소년은 이런 무관심에 심한 모욕감을 느꼈을 것이다. 존재를 부정당한 소년은 자신을 무시한 그들을 후회하게 만드는 것이 가장 효과적인 복수라고 생각했을 것이다.

처음엔 별 의미 없고 사소해 보이는 일이었는데, 여기에 자존심이 개입되고 계속 곱씹어 생각하다 보니 매우 큰 문제로 부각되었다. 소년은 이런 문제들을 자신의 극단적 선택을 통해 보여주고 있다.

chapter 07

인생이라는 이름의
시소게임

왜 자기과시의 함정에 빠질까?

—

인생이 뜻대로 풀리지 않을 때, 우리는 먹고사는 생존의 문제보
다는 남들과의 비교에서 상대적 박탈감을 느끼는 경우가 더 많
다. 그러고 보면 좌절감이나 자기 긍정감도 남들과의 비교 때문
에 발생하는 경우가 허다하다.

　이렇듯 타인과의 비교는 우리 삶에 긍정적이건 부정적이건
매우 중요한 역할을 한다. 그렇기 때문에 사람들은 '내가 너보
다 낫지, 내가 너보다 강해, 내가 너보다 잘 알아' 하는 식으로
비교를 통해 자존감을 확인하며 살아간다.

샤오장小張을 A, 샤오리小李를 B로 한 대화를 통해 우리가 어떻게 상대에 대해 우월감을 나타내는지 살펴보자. 그들이 오랜만에 만나 인사를 나눈다.

A 그동안 어떻게 지냈어?

B 엄청 바빴지. 그동안 바빠서 연락도 못하고, 너무 미안하다. 너는 어떻게 지내?(나는 할 일이 많은 사람이야. 매우 의미 있는 삶을 살고 있고, 내 시간은 귀중하지)

A 나도 전국을 돌아다니며 유명 브랜드 로드쇼를 여느라 엄청 바빴어.(나도 너에게 밀리지 않아. 유명 브랜드 로드쇼는 아무나 못 하지)

여기까지만 보면 A가 1승을 거둔 것 같지만 이어지는 대화에서 B가 어떻게든 구겨진 자존심을 회복하려 한다.

A 여기 커피 맛 나쁘지 않네.(아주 좋다는 건 아니고. 난 더 좋은 커피도 마셔 봤거든)

B 커피 맛과 향이 독특하고 분위기도 좋아서 내가 자주 오는 곳이야. 그래서 오늘 너랑 여기서 만나기로 한 거야.(내 안목 어때? 난 커피에 일가견이 있다고)

A 나는 주로 이탈리안 카페에서 커피 마셔. 내가 이 근처에 근사한 카페

를 알고 있잖니. 다음에 같이 가자!(난 더 좋은 곳도 가봐서, 여긴 그냥 평
범해)

그들이 대화하는 모습을 가만히 보면, 상대에게 진실을 말하
는 것이 아니라 어떻게든 자신이 상대보다 잘 지낸다는 것을 보
여주려고 하는 것 같다. 자신이 잘 지낸다는 것은 자신이 상대
보다 낫다는 것을 전제로 한다. 말 그대로 자기과시이다. 상대가
나보다 뒤처져야 나의 우수함이 한결 돋보인다.

B가 그동안 바빴다고 얘기했을 때, A는 마치 자신이 하루 종
일 하는 일 없이 B와의 약속을 기다린 사람처럼 느껴지면서 자
아의 가치가 위축되었다.

그래서 A는 자아의 가치를 되찾기 위해 자기가 유명 브랜드의
전국 로드쇼를 진행했다고 말했다. 그는 자기가 B 못지않게 대단
한 일을 했다는 점을 강조하며 상황을 역전시켰다.

대화의 방향이 A에게 유리하게 바뀌었지만, B는 포기하지 않
고 새로운 화제를 통해 국면 전환을 꾀하려고 했다. B는 커피
이야기를 하면서 자신이 A보다 커피에 대해 잘 안다는 걸 보여
주려고 했고, 이를 통해 자아의 가치를 회복하고자 했다. 그러자
A는 질 수 없다는 듯 자신이 근사한 카페를 알고 있다고 말했다.

끝없이 오르내리는 시소처럼

—

사람들은 자신을 남과 비교함으로써 자신의 존재가 가치 있고 의미 있다는 사실을 드러내고자 한다. 이는 대화할 때도 마찬가지다. 그래서 사람들은 시소게임을 하듯 대화를 이어간다.

사람들은 상대의 가치를 내리눌러야만 자신의 가치가 높아지고 자기긍정감을 얻을 수 있다고 생각하면서 서로가 서로를 억누르려고 한다. 이러는 사이에 사람들은 상대방의 모습이나 반응을 통해 자신의 가치와 우월감을 발견한다. 우리의 삶과 인생은 무한정 반복되는 시소게임인 셈이다.

만일 우리가 대화 중에 '알겠어?', '이해했어?', '내가 설명해줄게!' 같은 말을 자주 사용한다면 은연중에 정보를 주는 자와 받는 자라는 관계가 형성된다. 우리는 자신이 상대보다 많이 알고 있음을 보여주고, 이로써 자신이 상대보다 훌륭하고 우월하다는 것을 암시하려고 한다.

이렇게 해서 펼쳐지는 모습들은 너무도 다양하다. 상대방이 나보다 많이 알 경우에는 그가 현실에 맞지 않는 탁상공론만 한다고 폄하하고, 자신은 상대보다 아는 게 적지만 매우 현실적이고 타당한 해결 방안을 제시한다고 생각한다.

  상대방이 자신보다 재산이 많을 때는 부모를 잘 만나서 그렇다, 행운일 뿐이다, 그는 수단과 방법을 가리지 않고 돈을 번다 등의 구실을 갖다 붙이며 상대를 어떻게든 깎아내리려고 한다.

  상대방이 유명인사와의 관계를 자랑할 때는 그게 뭐 대수냐며 그가 유명인사와 가족만큼 가까운 사이도 아니고 기껏해야 밥 한 끼 먹고 사진을 찍었을 뿐이라며 깎아내린다.

  사람들은 이렇게 온갖 방법을 동원해서 시소게임이라는 경쟁에서 상대방을 누르고 싶어 한다. 하지만 누가 쉽게 패배를 인정하며 가만히 있겠는가? 시소게임에서 한 사람이 올라가면 다른 한 사람은 내려가기 마련이다. 우리의 삶과 인생은 끝없는 시소게임과 같다.

자기 자신을
긍정한다는 것

내 몸에 맞는 옷은
내가 고른다

고정관념이라는 덫

—

30대 중반인 샤오샤오❀❀는 패션업계에서 디자이너로 높은 연봉을 받으며 일하고 있다. 그녀에게 고민이 있다면 남자친구를 여러 명 사귀어 봤지만 모두 오래가지 못한다는 점이다.

그러던 그녀가 최근에 새로운 남자친구를 사귀게 되었다. 남자의 외모, 나이, 경제력 모두 마음에 드는데 단 하나 인생관이 달라 마음에 걸렸다.

샤오샤오는 야무진 성격에 꿈도 있으며 품위 있는 일상을 누리고 있다. 반면에 남자친구는 평범한 직장인으로 살면서 자기

56   그때 왜 그 선택을 했을까?

인생에 별다른 꿈도, 욕심도 없이 매사에 그녀가 하자는 대로 한다.

그녀는 남자라면 주관이 뚜렷하고 야망이 있어야 한다고 생각한다. 그래서 남자친구의 모습이 그리 탐탁지 않았지만, 어디에 내놔도 뒤떨어지지 않는 남자의 외모에 만족하기에 일단 사귀면서 두고 보기로 했다.

샤오샤오는 남자친구가 경제경영 서적을 많이 읽었으면 해서 관련 도서를 계속 사주며 그에게 성공한 남자, 매력적인 남자에 대해 자주 언급했다. 그가 책 속에 등장하는 성공한 비즈니스맨들을 본받기를 기대했기 때문이다.

하지만 그는 그녀가 원하는 방향으로는 결코 바뀌지 않았으며, 자신의 세계에서 한 발짝도 벗어나지 않았다. 그러던 어느 날 두 사람 사이에 사소한 문제로 의견 충돌이 있었다.

이들은 서로 자신이 옳다며 의견을 굽히지 않았고, 결국 관계가 차가워졌다. 샤오샤오는 남자친구가 생각을 조금만 바꾸면 잘 지낼 수 있을 텐데 끝내 고집을 꺾지 않는 이유를 알 수 없어 서운하기만 했다.

샤오샤오가 남자친구를 변화시키려 했던 것처럼 우리는 자신과 생각이 다르고 의견이 다른 사람을 자신이 원하는 대로 바꾸고 싶어 한다. 우리 주변의 동료, 가족, 친구들을 떠올리면서 과연 누구를 바꿔놓고 싶은지 생각해 보자. 자신이 바꾸고 싶은 사람이 이렇게 많다는 사실에 적잖이 놀랄 것이다.

그렇다면 여기서 잠시 생각해 보자. 우리는 왜 다른 사람을 바꾸고 싶어 하는가? 그들이 내가 생각하는 대로 살아주기를 바라는 마음 때문일 것이다. 그러나 이것이 가능한 일일까?

상대방이 반드시 어떠해야 한다고 말할 때, 그것은 나의 관점에서 옳고 좋은 모습일 뿐이다. 누군가 사람들에게 어떻게 살아야 의미 있고 가치 있다고 말할 때도 그것은 자신의 주관적 견해에 불과하다.

샤오샤오는 남자친구가 경제경영 서적을 많이 읽기를 원했다. 그런데 무조건 경제경영 서적만 읽으면 성공적이고 가치 있는 삶을 살 수 있을까? 우리 주변의 사람들을 보면 삶의 방식이 저마다 다른데, 과연 어떤 것이 성공적인 삶의 방식이라고 단언할 수 있을까?

우리가 옳다고 믿는 것은 대부분 자신만의 생각일 뿐이고 상대방을 위한다는 것은 그저 특정한 가치, 의미, 방식에 대한 미신일 뿐이다.

우리는 상대방을 위한다는 명분을 내세워 자신에게 가치 있고 의미 있는 모델 속에 타인의 삶을 억지로 집어넣으려고 한다. 그리고 이런 방식으로 상대방을 통해 자신의 가치, 우월감, 통제력 및 존재감을 확인하려고 한다.

학창 시절에 공부 잘했던 친구들은 다 어디로 갔을까?
—

TV 대담 프로그램에서 자녀 교육 문제를 다뤘다. 패널로 나온 40대 기자가 이런 말을 했다.

"저는 아들에게 공부하라고 강요하지 않아요. 아이도 공부에 관심이 없는지 성적은 늘 하위권이죠. 아홉 살인데도 교과서에 나오는 문제도 제대로 못 풀어요. 하지만 공부하라고 잔소리하면서 아이에게 스트레스 주고 싶지 않아요. 아이가 행복한 어린 시절을 보내는 게 가장 중요하다고 생각하거든요. 좀 더 커서 아이가 좋아하는 분야가 생기면 자연스럽게 공부하겠죠."

이에 진행자가 이해할 수 없다는 표정으로 말했다.

"아이가 지금 그렇게 실컷 놀면 나중에 커서 남들이 일할 때 그 아이는 많은 시간을 공부에 할애해야 할 겁니다. 그건 엄청난 시간 낭비죠. 부모가 아이의 미래를 위해 고민해 볼 문제가 아닐까요?"

MC의 말을 듣고 그 기자의 생각이 흔들리는지 눈빛이 흐려졌다. 여기에 진행자가 한마디 더 보탰다.

"아이들이야 매일 놀고 싶겠죠. 그런데 부모가 자녀를 잘 이끌지 않으면 누가 이끌겠습니까?"

그들의 대화를 보면, 진행자는 부모가 자녀의 미래를 책임져야 하므로 자녀가 잘되기를 바란다면 당장 교육에 신경 써야 한다고 말한다. 그러나 시청자들 모두가 진행자의 말에 동의할지는 알 수 없다. 한 사람의 미래는 온전히 학교 성적으로만 결정되지 않기 때문이다.

학창 시절에 공부를 잘했던 친구들이 지금 뭘 하고 있는지 한번 떠올려 보라. 진행자가 말한 것처럼 성적이 뒤처졌다고 해서 모두 다 미래가 암울한 것은 아니다. 시험만 보면 꼴찌를 면하지 못했던 아이가 어른이 되어 전혀 딴판으로 살아가는 모습을 자주 보지 않는가.

곰곰이 생각해 보면 우리가 '상대방을 위해서'라고 말할 때 그 이면에는 '나를 위해서'라는 이기적 발상이 도사리고 있는 것이 아닐까 싶다. 자기만의 잣대로 세상을 평가하면서 그 울타리 안에 상대를 가두려고 하는 것이다.

하지만 그러한 틀이 상대에게 맞을지는 미지수이다. 누구나 같은 옷을 입을 수는 없다. 자신에게 딱 맞는 옷은 자기만이 고를 수 있는 게 아닐까?

TV에서 진행자한테 자녀 교육에 대해 조언을 들었던 기자는 그 뒤로 아이에게 다른 방식의 양육법을 시도했을까? 그것은 알 수 없지만, 남자친구를 어떻게든 자기의 취향대로 바꾸려고 했던 내 친구 샤오샤오에 대해서는 알고 있다. 언젠가부터 그녀의 입에서 그 남자에 관한 이야기가 나오지 않는 것으로 보아 헤어졌구나 하고 짐작하고 있다.

chapter 09

피해자 코스프레는
이제 그만하자

일이 뜻대로 되지 않는 것은 누구 탓일까?

—

당신은 매사에 불평불만이 많은 편인가? 아니면 사소한 감정까지 가슴에 남기지 않고 모조리 분출하는 스타일인가? 우리는 왜 그렇게 불평을 할까? 불평을 통해 과연 무엇을 얻을 수 있을까? 우리는 늘 이런저런 불평을 하고 살지만, 정작 불평불만을 늘어놓는 사람을 만나면 반감이 생긴다. 그 이유는 무엇일까?

아융阿勇은 오늘도 아침 일찍 집을 나서면서 투덜거리기 시작했다.

"오늘도 무지하게 덥네. 누굴 쪄 죽일 셈인가?"

이런 투덜거림은 지하철에서도 계속되었다.

"지하철에 사람이 왜 이리 많지? 이러다 압사당하겠네. 증차 운행 좀 하면 안 되나?"

회사에서 고객과 전화 통화를 마친 후에도 그의 불만은 계속된다.

"돈은 쥐꼬리만큼 주면서 요구사항은 더럽게 많네. 이렇게 까다롭고 좀스러운 고객은 처음이야!"

월세를 내면서도 푸념을 늘어놓는 그의 습관은 계속된다.

"재개발로 두둑이 보상받은 사람들은 평생 일하지 않아도 놀고먹는데, 나는 숨만 쉬면서 평생 일해도 내 집 장만하는 건 불가능하겠어! 이건 너무 불공평하지 않아?"

많은 사람이 이렇게 못마땅한 일투성이라며 온종일 투덜거린다. 차가 막혀서, 사람이 많아서, 부장이 까다로워서, 지출이 많아서, 약삭빠른 동료와 예의 없는 고객에 대해 불평을 한다.

사실 우리는 원하기만 하면 불평하고 비난할 대상을 얼마든지 찾아낼 수 있다. 정치, 세금, 사장, 직장 선배, 친구, 후배, 심지어 날씨까지 우리가 불평할 대상이다. 그런데 우리가 불평불만을 할 때는 이런 의미가 숨어 있는 것 같다.

"나는 피해자야. 왜 다들 나만 공격하는 거야? 애꿎은 나한테

왜들 그러는 거야? 나는 내가 너무 불쌍해!"

그렇게 투덜대는 대표적인 인물이 바로 아융이다. 그의 이야기를 듣다 보면 갑자기 가엾은 생각이 든다. 그의 불평불만 속에는 자신은 옳은데 부당한 대우를 받고 있으며, 누구한테도 존중받지 못해 억울하다는 심정, 게다가 자신이 피해자라는 의식이 깔려 있다.

그렇다면 그의 일이 뜻대로 되지 않는 것은 누구 탓일까? 당연히 남들 때문이다. 사람들은 아융처럼 불평하고 투덜거리며 감정을 분출하면서 자신의 일이 뜻대로 되지 않는 책임을 남에게 전가한다.

지금 당장 불평하는 습관을 버리자

—

우리는 이렇게 입만 열면 불평을 하면서 많은 적을 만든다. 날씨가 불만일 때는 하늘을 탓한다. 지하철에 사람이 많을 때는 철도회사를 미워한다. 소소한 문제로 시비를 거는 고객에게는 적대감을 느낄 정도로 화가 난다.

이렇게 불평을 일삼는 사람의 마음속에는 항상 적들로 가득하다. 우리가 친구를 대할 때와 적을 대할 때 태도가 완전히 달라지는 것처럼, 불평을 시작하면 세상을 대하는 태도가 달라지고 우리의 행동도 바뀐다.

상황을 바꿀 수 없다면 그 일에 대해 불평하지 말고 생각하는 방식을 바꾸라는 서양의 격언이 있다. 상황을 바꿀 수 없는데도 무조건 불평불만을 늘어놓는 것은 백해무익하다. 불평 중에서도 가장 심각한 것은 그 불평의 화살이 자기 자신을 향할 때이다. 자신의 성격, 자신의 습관, 자신의 외모, 자신의 현재 상태에 대해 끝도 없이 불평불만을 늘어놓는 사람이 의외로 많다.

자기 자신을 싫어하는 사람을 남들이 좋아할 수 있을까? 당신이 불평하고 투덜거리며 부정적인 감정을 분출하면, 당신이 스스로를 얼마나 싫어하는지 남들에게 알리는 꼴이고 그럴수록 자신만 힘들게 만들 뿐이다.

자신이 인생의 피해자인 양 불평하다가 스스로를 고립시키는 것은 너무 어리석다. 타인의 공감이나 연민, 또는 동정심을 불러 일으킬 의도로 불평을 해봤자 남들이 보기에 당신은 그냥 무기력하고 한심한 사람일 뿐이다.

지금 당장 불평하는 습관을 버리자. 걸핏하면 남 탓을 하고 세상에 손가락질을 하는 습관도 안 된다. 그러니 당장 당신의 가슴에 이렇게 새겨라. 피해자 코스프레는 이제 그만하자.

chapter 10

인생의 답이
있는 곳

습관의 벽에 갇힌 사람들

—

유독 게임을 좋아하는 친구가 있다. 어느 정도인가 하면, 매일 밤늦게까지 게임을 해서 눈에 염증이 생기고 허리 근육이 손상되어 어쩔 수 없이 회사까지 그만두었다. 나는 그가 게임에 푹 빠져서 미친 듯이 게임만 하는 모습을 보고 이렇게 말했다.

"이러다 몸 상한다. 낮에 내내 게임해 놓고 밤에도 계속하려고? 그러다 시력까지 잃으면 어쩌려고 그래?"

친구는 자신이 게임에 몰두하는 이유를 이렇게 설명했다.

"게임을 하면 두뇌 유연성이 향상돼. 게임을 하면 스트레스가 해소되고……."

만약 당신도 게임을 좋아한다면 게임에 빠질 수밖에 없는 이유를 이렇게 나열할 수 있을 것이다.

한 번은 이 친구가 이사를 해서 도와주러 갔을 때이다. 이삿짐센터 직원들이 침대를 빼내려는데 공간이 좁아서 침대를 도저히 밖으로 옮길 수가 없었다. 보다 못한 친구가 이삿짐센터 직원들을 진두지휘하기 시작했고, 수없이 방향을 틀다가 결국 침대를 빼내는 데 성공했다. 이때 친구는 의기양양하게 말했다.

"봤지? 이게 바로 게임의 힘이야. 너처럼 게임 안 하는 사람은 이런 방법을 절대 생각해 내지 못할 거야."

나는 의외라는 표정으로 이렇게 말했다.

"너 이삿짐센터 차리면 3년 후에 상장도 하겠다."

친구는 온갖 이유를 갖다 붙이며 게임에 중독된 자신을 옹호했다. 언제나 게임의 긍정적인 측면을 강조했고, 자신을 못 미더워하며 게임을 줄이라고 충고하는 사람들은 게임의 부정적인 측면만 본다고 불평했다.

우리는 모두 크고 작은 나쁜 습관을 가지고 있다. 나쁜 습관은 심신의 건강을 해칠 정도지만, 우리는 그 습관을 고치지도 버리지도 못한다. 왜 그럴까? 우리가 합리화를 통해 나쁜 습관의 긍정적 측면을 부각시키거나 나쁜 습관을 외면하기 때문이다.

우리는 장점이나 좋은 습관을 자연스럽고 당연하게 여기는 반면에 나쁜 습관을 유지하려면 많은 노력이 필요하다. 애를 쓰면서 나쁜 습관에 빠진 자신을 변호하고 해명하기에 바쁘기 때문이다.

이때 이상적인 자아와 현실 사이에 괴리가 생기는데, 온갖 합리화를 동원해서 자신을 올바른 사람으로 위장한다. 그래야만 우리가 마음 편히 가짜 행복을 누릴 수 있어서인데, 사실 우리가 온힘을 다해 나쁜 습관을 지켜내려는 이유는 그 습관의 통제를 받고 있기 때문이다.

묵묵히 자기만의 길을 가자
—

예를 들어 애주가들은 자신이 술을 마시는 이유를 이렇게 설명한다.

"즐거울 때 술을 마시면 흥을 돋우고, 괴로울 때 술을 마시면 시름이 사라진다. 술을 마시면서 친구를 폭넓게 사귈 수 있으니 업무적으로도 개인적으로도 도움이 된다. 함께 술을 마시면 끈끈한 의리가 생긴다……."

만약 애주가들이 과도한 음주가 고지혈증, 심장질환, 간경화, 만성 위염 같은 질병을 유발하고, 술을 마시면 감정이 격해져서 주위 사람들과 말다툼할 수 있으며 음주 운전의 위험성도 있다는 사실을 순순히 인정한다면 그 후에는 어떻게 될까?

그러면 애주가들은 아주 오랫동안 술과 맞서 싸워야 할 테고, 그 길은 멀고 험난할 것이다. 이에 비해 자신의 나쁜 습관을 합리화하는 것은 지극히 쉽다. 간단한 두뇌 작용만으로 손쉽게 나쁜 습관을 외면하고 가짜 행복을 누릴 수 있기 때문이다.

자신의 행동이 나쁘다는 것을 인정하고 싶지 않기 때문에, 우리는 나쁜 행동을 적극적으로 고치지 못한다. 나쁜 행동을 개선하려고 마음먹었다가도 즉각적인 효과가 나타나지 않으면 자신의 무력함을 확인하고는 더 이상 상처를 받고 싶지 않아 실천을 포기하기도 한다.

자신의 결점을 찾아내는 능력이 뛰어날수록 완벽에 가까워질 수 있다는 말이 있다. 결점이 많다는 걸 인정한다는 것은, 어쩌면 자신에게 장점도 많다는 것을 드러내는 일인지도 모른다. 자신의 결점을 인정할 수 있는 사람이라면 타인의 결점도 선의의 눈으로 바라볼 수 있기 때문이다.

겉으로 드러나는 결점이나 장점이 아니라 그 사람 안에 내재된 인간적 가치가 중요한 게 아닐까? 인생이란 결국 자신의 잠재가치를 찾아가는 고단한 여정이기 때문이다. 나쁜 습관 뒤에 죽은 듯이 숨어 있는 자신의 잠재가치를 찾아내려는 노력이 필요하다.

어떤 사람은 20대에 벌써 자신의 잠재가치를 발견해 복잡한 과학 분야에서 선두 자리에 있는 경우도 있다. 내가 아는 어떤 사람은 열아홉 살에 수학 분야의 대학원 박사과정으로 초스피드 진급한 케이스도 있다.

이렇게 누군가는 인생 초반부에 자신의 잠재가치를 발견해서 평생 동안 직업적 성취를 이루며 살지만 평범한 사람들은 30대, 40대를 살아도 자신의 잠재 능력을 알지 못해 여전히 길고 긴 방황의 발걸음을 옮기는 경우가 많다.

우리가 할 일은 묵묵히 자기만의 길을 걸어가는 것뿐이다. 남들의 시선, 남들의 수군거림, 남들의 비웃음 따위는 잊어버리자. 지금 당장은 나쁜 습관이나 고정관념에 발이 묶여 있다고 해도 이것 하나만은 잊지 말자. 어차피 우리는 자기의 잠재가치를 찾아내기 위해 저마다의 인생을 살아가는 것이다. 인생의 답은 바로 거기에 있다.

chapter 11

준비만 하다가는
해낼 수 없다

때가 오기를 기다린다는 것

—

오랫동안 하고 싶었던 일이 있는가? 해외여행, 결혼, 좋은 회사로의 이직 등 이루고 싶은 꿈이 한두 가지는 꼭 있을 것이다. 그렇다면 당신은 왜 지금 당장 그것을 하지 않고 있는가? 이렇게 물으면 대부분의 사람들은 이렇게 대답한다.

"충분히 돈이 모이면 여행을 떠날 계획이고, 커리어를 쌓은 후 결혼할 계획이고, 마음에 드는 일자리를 찾으면 이직할 계획입니다."

우리는 각양각색의 꿈과 소망을 가지고 있지만, 이를 실행에 옮기지 않는 이유는 대부분 비슷하다. 아직 때가 되지 않았고, 여건이 허락하지 않는다는 것이다. 한마디로 아직 준비가 덜 되었다는 것이다.

우리는 아직 준비되지 않았다는 이유로 사람과 기회뿐 아니라 자신의 삶까지도 놓치거나 포기할 때가 많다. 항상 때를 기다리고 있는 샤오쥔小俊의 사례를 살펴보자.

샤오쥔은 자신이 원하는 일을 급하게 서둘러 하고 싶지 않았고, 항상 만반의 준비를 마친 후에 시작하고 싶어 했다. 그래서 그는 언제나 해야 할 일을 빨리 시작하지 못하고 차일피일 미루기만 했다.

대학에 다닐 때, 그에게는 5년 동안 사귄 여자친구가 있었다. 연애하는 동안 간혹 다투기는 했지만 서로를 몹시 사랑하고 있었다. 샤오쥔이 대학을 졸업하고 회사에 취직하자, 여자친구가 결혼 얘기를 꺼냈다. 그는 입사한 지 얼마 되지 않아 아직 자리를 잡지 못했고 연봉도 높지 않아서 결혼은 시기상조라고 생각했다.

다시 1년이 지나자 여자친구가 다시 결혼 얘기를 꺼냈다. 샤오쥔은 여전히 결혼할 준비가 되지 않았다고 생각했지만, 열심히 돈을 모아서 내년에 결혼하자고 말했다. 하지만 시간이 갈수록 샤오쿤은 결혼 문제로 스트레스를 받아서 여자친구와 사소한 일로 다투는 일이 점점 잦아졌다. 결국 두 사람은 헤어지고 말았다.

샤오쿤은 회사에서 어느 정도 자리를 잡고 연봉도 올라서 자신이 가정을 책임질 수 있을 때 여자친구를 다시 만나 청혼하고 싶었다. 그래서 열심히 일하고 착실하게 돈을 모았지만 여자친구는 끝내 떠나고 말았다.

이후 그는 부모님의 성화에 못 이겨 친구 소개로 만난 여자와 결혼하게 되었다. 결혼 후 반년 만에 아내가 임신을 했지만 그는 아이를 원하지 않았다. 그는 커리어를 좀 더 쌓고 모든 여건이 충족된 후에 아이를 갖고 싶었다.

하지만 부모님과 아내의 압력 때문에 어쩔 수 없이 아이를 낳는 데 동의했다. 동의를 하긴 했지만, 샤오쿤은 자신이 아빠가 될 준비가 되지 않았다는 생각이 점점 강해졌다. 아이가 태어난 후 아이를 돌보고 어린이집에 보내고 초등학교에 보낼 생각을 하니 골치가 지끈거렸다.

자신은 아직 아빠가 될 준비가 안 됐다며 부모님을 다시 설득해 보려 했지만, 어머니가 이렇게 말씀하셨다.

"너희 삼 남매를 낳을 때는 뭐 준비하고 낳은 줄 아니? 아이가 생기면 그냥 낳는 거지. 만약 내가 그때 준비가 안 돼서 낳을 수 없다고 생각했다면 너희는 태어나지도 못했어."

결국 샤오쥔은 부모님을 설득하지 못했고 아이를 낳는 수밖에 없었다. 샤오쥔은 언제나 준비할 시간이 더 필요했는데 삶은 그를 기다려 주지 않았다. 샤오쥔은 인생을 스스로의 힘으로 통제할 수 없다는 생각에 너무 괴로웠다.

우리는 모두 준비를 좀 더 하고 싶고, 때를 좀 더 기다리고 싶다. 하지만 이런 마음이 인생의 발전을 가로막는 경우가 흔하다는 게 문제다. 우리는 항상 대학에 합격한 후에, 취업한 후에, 돈을 번 후에, 집을 장만한 후에, 승진한 후에, 사업이 안정된 후에, 결혼한 후에, 아이를 낳은 후에, 아이가 대학에 합격한 후에, 그때 비로소 자신이 하고 싶었던 일을 할 수 있다고 생각한다.

우리에게 필요한 것은 완벽함이 아니다

—

우리는 이렇게 항상 어떤 조건이 갖춰져 있어야만 하고 싶은 일을 시작할 수 있다고 생각한다. 만약 당신도 이렇게 생각한다면 완벽한 때를 기다리다가 타이밍을 놓치는 바람에 하고 싶은 일을 포기할 수 있고, 심지어 행복한 인생을 살 수 있는 기회를 잃을 수도 있다.

인생을 주체적으로 살고 싶다면, 이 문제를 진지하게 생각해 봐야 한다. 우리는 왜 항상 준비가 부족하다고 느끼면서 완벽한 때를 기다릴까? 우리는 일의 성패가 충분한 준비에 달려 있으며, 준비가 완벽할수록 성공할 확률이 높아진다고 생각한다. '기회는 준비된 자의 것'이라는 말도 있지 않은가?

이런 관념은 우리에게 사전 준비의 중요성을 일깨워 주면서, 철저히 준비하기만 하면 얼마든지 성공할 수 있을 것 같은 암시를 준다. 그뿐만 아니라 지금 당장 현실을 직시하지 않아도 되는 빌미를 제공한다. 그래서 자신이 현실을 직면하지 못하는 게 아니라 시간을 갖고 준비하는 중이라고 생각하게 된다.

하지만 충분한 준비가 반드시 성패로 이어지는 것은 아니다. 이는 비즈니스 분야에서 성공한 많은 사람들을 통해 알 수 있다. 그들은 아이디어가 있으면 주저하지 않고 도전했고, 수없이 좌절과 실패의 쓴맛을 보면서도 포기하지 않았다. 준비성도 중요하지만, 하고 싶은 일이 생기면 곧바로 실행에 옮기는 도전정신이 우리를 승리하게 만들 때가 더 많다.

무슨 일이든 일단 시작을 해야 어떤 부분을 보완하고 개선해야 하는지 알게 된다. 우리가 어떤 일을 시작하기 전에는 그 일에 대해 상상할 뿐이고, 대부분 지난날 발생했던 일을 바탕으로 상상과 우려가 꼬리에 꼬리를 물고 끝없이 이어진다.

우리가 사전에 준비 작업을 많이 할수록 더 많은 문제점을 발견하게 되고, 이를 해결하고 보완하기 위해 더 많은 시간을 쓰게 된다. 우리가 완벽한 때를 기다리면서 계속 준비하다 보면, 일을 추진하는 데 얼마나 많은 문제가 발생하고 난관에 봉착할 건지 알게 된다. 그러면서 자신의 아이디어가 보잘것없고 유치하게 느껴지며, 그렇게 형편없는 일을 무턱대고 시작하지 않은 게 다행이라고 생각하게 된다.

그렇게 완벽한 때를 기다리다가 하고 싶은 일을 포기하는 경우가 많다. 샤오쥔이 열심히 결혼을 준비했지만 결국 여자친구와 헤어졌던 것처럼 말이다.

아직 준비가 부족해서 어떤 일을 할 수 없다고 생각하기 쉽지만, 사실은 그 일을 반드시 해내고야 말겠다는 의지가 없어서 일을 못하는 경우가 훨씬 더 많다. 만약 당신이 어느 곳에 가야 하는데, 큰 강이 앞을 가로막고 있다고 생각해 보자.

당신이라면 어떻게 하겠는가? 누구나 저마다의 방법으로 어떻게든 물에 빠지지 않고 강을 건널 방법을 생각해 낼 것이다. 어느 누구도 스스로 강물에 뛰어들어 익사하려고 하지 않을 것이다. 당신이 적극적으로 일을 해내려고 하지 않는 이유는 현실에 정면으로 맞서는 행위를 포기했기 때문이고, 역경을 극복하려는 도전정신을 포기했기 때문이다.

내일이 시험이라면 필기구를 준비하는 것으로 족하다. 찍은 문제가 다 틀려서 시험을 망치면 어쩌나 하는 상상을 하다가 시험 볼 자신이 없어지고 아직 준비가 안 됐다는 이유로 그 시험이 취소될까?

간단한 시험도 당신이 준비될 때까지 기다려 주지 않는데, 세상이 당신을 기다려 주기를 기대할 수는 없지 않은가. 돌이켜 생각해 보면 사람들은 준비가 안 된 채 태어났고, 준비가 안 된 상태에서 걸음마를 배우고, 입학하고, 연애하고, 결혼하고, 부모가 되었다.

세상은 빠르게 돌아간다. 당신이 준비가 됐든 안 됐든 모든 일은 시작되고, 당신이 아무리 열심히 준비하더라도 미래의 일을 지금 당장 해결할 수는 없다.

우리가 미래를 정확히 예측해 문제를 미리 해결할 수 있다면 현재의 생활에 아쉬움이나 후회가 없겠지만, 우리는 미래에 대해 아무것도 모르고 단지 눈앞의 문제만 간신히 해결할 수 있을 뿐이다.

우리에게 필요한 것은 완벽한 준비와 더 완벽한 시기가 아니다. 우리는 현실 세계에 살고 있으니 상상 속에서 완벽함을 추구하는 것은 아무 의미가 없다. 그러므로 우리는 열정을 가지고 스스로 한 걸음씩 발을 내디디면서 미래를 향해 묵묵히 나아가는 수밖에 없다.

chapter 12

당신을 가로막는
진짜 장애물

해보지도 않고 못하겠다는 사람들

—

삶을 제대로 살지 못하게 방해하는 장애물의 대부분은 우리 스스로 만든 것이고, 자아의식이 스스로 손발을 묶고 날개를 부러뜨려 생겨난 것이다.

그런데 꿈꾸던 일들이 자기 뜻대로 되지 않을 때, 그 이유가 자신과 직접적으로 관련 있다고 생각하는 사람은 그리 많지 않다. 그래서 자기가 얼마나 악랄하게 자신을 감옥에 가두는지 알지 못한다.

나에게 조언을 구하는 독자와 네티즌들의 사연을 보면, 겉으

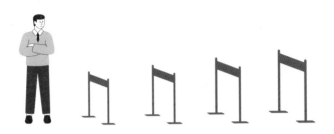

로 보기에 이들은 각기 다른 문제로 고민하는 것 같지만 본질적
으로는 공통되는 부분이 꽤 많다. 이들의 사연을 함께 살펴보면
서 공통점을 찾아보자.

- 독자 샤오캉(小康)

저는 무역업에 종사하고 싶어요. 그런데 관련
경력도 없고 말솜씨도 뛰어나지 않고 영어도 아
직 미숙해요. 저는 성실하고 뭐든 열정적으로
빈틈없이 열심히 하는 편이긴 한데, 이런 것만
으로 과연 무엇을 할 수 있을까요?

- 네티즌 라라둥(拉拉東)

저는 창업을 꼭 하고 싶습니다. 하지만 자금이
부족하고 창업 아이템도 마땅치 않고 인맥도 별
로 없어요. 게다가 학벌이 시원치 않아 저를 지

원해 줄 사람도 없어서 다른 사람보다 모든 면에서 뒤처져 있습니다. 이런 문제들 때문에 너무 괴로운데, 저는 어떻게 하면 좋을까요?

• 독자 위신(雨馨)   저는 20대로, 나중에 영어교사가 되고 싶어요. 그렇지만 제가 영문학을 전공하지 않았고 강의 경험도 없어서 아무도 저를 채용하지 않을 것 같아요.

• 네티즌 해바라기   올해 대학을 졸업한 사람인데요, 미래가 너무 막막해요. 전공을 살려 취업하고 싶진 않고, 따로 관심 있는 분야는 경험이 없어서 어디서부터 어떻게 시작해야 할지 정말 모르겠어요.

독자와 네티즌의 사연을 보면, 이들이 자신의 상황을 묘사할 때 공통적으로 사용하는 언어 구조가 있다.

"저는 ……하고 싶어요. 그러나……, 저는 ……하고 싶어요. 하지만……, 저는 ……되고 싶어요. 그렇지만……, 저는 ……하고 싶지 않아요. 그런데……."

이들은 자신의 상황을 설명한 후 누가 압박을 준 것도 아니고 물어본 사람도 없는데 스스로 안 되는 이유를 찾아내고 변명을 한다. 그리고 바로 이런 이유들 때문에 자신이 원하는 일을 하지 못한다고 말한다.

이들의 언어 구조를 자세히 들여다보면 자신이 하고 싶은 일을 마음속으로 이미 부정하고 있으며, 해보지도 않고 자신이 그런 일을 할 수 없다고 말하고 있다. 이런 식으로 자신이 원하는 일을 실행에 옮겨야 할 당위성을 사전에 차단해서 결국 자신이 원하는 일을 시작도 못해 보고 포기하는 것이다.

실행력은 생각에서 나온다. '하지만, 그러나, 그런데, 그렇지만' 같은 말이 나오는 순간 실행하려고 마음먹었던 원동력이 사라진다. 그러면 생각하는 것과 생각하지 않는 것이 같아진다.

'저는 ……하고 싶어요. 그러나……' 같은 언어 구조에는 자기 부정이 포함돼 있고, 자신이 좋아하는 일을 하지 못하는 것에 대한 자기 위안이 포함되어 있다. 때로는 우리가 필수적인 조건을 구비하지 못해 실질적인 곤경에 처하거나 제약을 받을 수도 있다.

하지만 대부분 우리가 갖추지 못한 조건이란 상상으로 만들어진 것으로 인위적이고 부가적인 경우가 훨씬 더 많다. 그러므로 이런 언어 구조는 사실에 바탕한 것이 아니라 하고 싶은 일을 스스로 포기하려는 변명에 지나지 않는다. 그리고 살면서 이런 언어 구조를 자주 사용할수록 자신의 한계를 드러낼 뿐이다.

상상속의 전제조건들을 제거하라

—

어느 대학에서 강연했을 때의 일이다. 나는 참석한 학생들에게 자신이 원하는 일을 용감하게 하라고 격려했고, 질의응답 시간에 한 학생이 질문을 했다.

"저는 정원 가꾸기를 좋아하거든요, 그래서 베이징에서 화초를 키우며 편안하게 살고 싶어요. 그런데 베이징 집값이 너무 비싸서 제 꿈을 이루는 건 불가능할 것 같아요. 저는 어떻게 해야 할까요?"

이 질문에 대해 나는 이렇게 답변했다.

"정원 가꾸기를 정말로 좋아하나요? 그런 일은 어느 곳에서나 할 수 있는데, 왜 베이징에서 하고 싶다고 조건을 붙이나요? 땅이 넓고 비옥한 지역에서 정원 가꾸기를 하면 편안하게 지낼 수 있어요. 베이징은 땅값이 너무 비싸서 화초보다는 콘크리트를 심기에 적합하죠."

우리는 하고 싶은 일에다 부가적인 조건을 붙여서 결국 원하는 일을 못하게 되는 경우가 많다. 학생이 하고 싶은 일은 정원 가꾸기인데 베이징이라는 부가적인 조건을 붙인 것처럼 말이다.

앞서 무역업을 하고 싶다던 독자의 경우 하고 싶은 일은 무역업이고 유창한 영어, 뛰어난 언변, 관련 경력은 부가적인 조건이다. 무역업을 시작할 때 얼마간의 영어는 필요할지 모르지만 말솜씨나 경력이 반드시 필요하지는 않다.

창업을 하고 싶어 했던 네티즌에게는 유망한 창업 아이템, 충분한 자금, 높은 스펙, 든든한 지원군 등이 부가적인 조건이다. 충분한 자금과 이렇게 훌륭한 조건을 모두 갖출 수 있다면 굳이 창업을 하지 않아도 잘 먹고 살 수 있을 것이다.

하고 싶은 일이 있는데 관련된 경력이 필요하다는 부가적인 조건이 붙어 있다고 생각해 보자. 그런데 일단 시작하지 않으면 그 경력을 어디서 어떻게 쌓을 수 있겠는가?

간단한 일에도 충족시키기 어려운 부대조건을 잔뜩 내걸면, 일하고 싶은 마음도 있고 목표도 있는데 조건을 갖추지 못했다고 생각하게 된다.

또한 간단한 일을 심각하고 복잡하고 어렵게 만들고, 일을 시작하기도 전에 각종 진입 장벽을 만들어 어디서부터 어떻게 시작할지 막막해진다. 우리는 부가적인 조건을 붙임으로써 꿈과 소망을 스스로 파괴한다. 이런 부가적인 조건 때문에 우리가 간단한 일을 실행에 옮기려고 할 때에도 많은 제약을 받는다.

우리가 원하는 일을 할 수 없다고 판단해서 시작을 하지 않는다면 그 일을 할 수 없는 이유를 이미 찾았기 때문이다. 불가능한 이유를 찾았다면 계속 그런 고정관념에 머물 것이고, 그렇지 않다면 당장 원하는 일을 향해 실행에 옮길 것이다. 우리를 가로막는 진짜 장애물은 불가능해 보이는 이유가 아니라 상상 속의 전제조건들이라는 사실을 기억하자.

chapter 13

자기 자신을
긍정한다는 것

그들은 왜 항상 제자리걸음을 할까?

—

인터넷에서 우연히 닉 부이치치Nick Vujicic라는 사람에 관한 영상을 본 적이 있다. 호주 출신 목사인 그는 두 팔과 두 다리가 없는 남성으로, 사지가 없지만 즐겁게 살고 있다. 그는 혼자서 밥을 해먹을 수 있고 축구, 골프, 서핑도 할 수 있으며 누구의 도움도 받지 않고 탁자에 올라가 강연을 할 수 있다.

팔과 다리가 없는 그가 상반신만으로 단상에 올라 당당하고 열정적으로 강연하는 모습을 보면, 강인한 생명력과 불굴의 의지가 믿기지 않을 정도로 놀라울 뿐이다. 이에 청중들은 눈물을 흘리며 감동하고 찬사를 보낸다.

많은 사람들이 두 팔과 두 다리가 모두 있어도 이런저런 이유를 대며 스스로를 단단히 제약한다. 그런데 정말로 그 이유들이 우리를 제약할까? 모든 제약 요인은 우리 마음속에서 시작되고, 모든 문제는 우리 마음속에서 만들어진다. 우리가 특정한 요인을 한계로 규정할 때, 그것은 우리의 발전을 제약하는 장애가 될 뿐이다.

나는 몇 년 전에 출간한 《인생은 자기 긍정감을 찾는 과정_{活著}_{就在找感覺}》이라는 책에, 내가 가진 특별한 능력에 대해 썼다. 나는 낯선 사람에게 세 가지 질문을 던지면 그가 몇 년 후에 어떤 상태가 될지 예측할 수 있다.

많은 독자들이 몹시 궁금해 하면서 그 세 가지 질문이 뭐냐고 묻는다. 사실은 세 가지 질문이 무엇인지가 중요한 게 아니라 상대방의 대답이 더 중요하다. 세 가지 질문은 사람에 따라 달라질 수 있으며 상대가 질문에 어떻게 대답하는지를 유심히 관찰해야 한다.

앞서 언급한 독자와 네티즌처럼 '저는 ……하고 싶어요, 그러나……' 같은 언어 구조를 사용한다면 자신의 앞길에 뛰어넘을 수 없는 장애물을 스스로 만드는 것과 마찬가지이므로 한동안 발전하지 못하고 제자리걸음을 할 게 분명하다. 아주 중요한 일이나 중요한 사람을 만나지 않는 한 이들의 상황은 바뀌기 힘들 것이다.

대기업에서 근무하는 한 독자가 자신의 고민을 털어놓았다. 그는 입사한 지 6년 만에 팀장이 되었다. 팀장 타이틀을 달긴 했는데, 권한은 없고 업무도 이전과 동일하고 연봉도 얼마 안 올랐다.

회사 내의 권력 구조는 매우 복잡한데, 높은 자리에 있는 사람들은 모두 사장의 친척이거나 연관 기관 출신이었다. 직속 상사가 어떻게든 그를 승진시켜 주려 했지만 힘이 별로 없어 속수무책이었다.

그래서 그는 이직을 하고 싶어 했다. 그런데 다시 생각해 보니 회사에서 크게 인정받지 못하고 연봉도 그리 높지 않지만, 그래도 현재 직장에서 근무하는 게 안정적일 것 같았다. 게다가 좋은 직장을 찾지 못해 수입이 없어질까 봐 두려웠다. 그는 이직하고 싶다고 생각하면서도 이직을 방해하는 장애물을 스스로 만들고 있었다. 그는 아주 오랫동안 수차례에 걸쳐 회사를 떠나려고 생각했지만 결국 떠나지 못했다.

마음속의 올가미를 걷어차 버려라

—

그가 어떻게 해야 할지 모르겠다며 나에게 조언을 구했다. 나는 그에게 상황을 분석해 알려주고, 과감하게 회사를 떠나라고 말하면서 앞날을 격려해 주었다. 그럼에도 그는 회사를 계속 다니면서 이직을 준비하면 안 되냐고 물었다.

나는 회사에 안주할 수 있는 여지를 남겨두는 것은 좋지 않다고 말했고, 결국 그는 용기를 내어 퇴사를 결심했다. 그는 퇴사 후 한 달 만에 중견기업에 취직했다. 그는 능력이 출중했으므로 사장의 신임을 얻었고 전 직장보다 훨씬 좋은 대우를 받았다.

다행히 그는 퇴사 후 한 달 만에 좋은 회사에 취직했지만, 능력 있는 사람도 이직에 실패하는 경우가 있으니 내가 이직을 장려한다고 오해하면 안 된다. 회사를 옮길지 여부는 각 개인의 실제 상황에 따라 판단해야지 무턱대고 사표를 던져서는 안 된다.

그의 사례를 통해 전달하려는 메시지는 어떤 상황에선 마음속의 갈등을 과감히 종결시켜야 한다는 점이다. 우리가 원하는 일을 할 수 없을 때 마음속에 갈등이 생긴다. 심리적 갈등은 우리의 에너지를 소모하고 발전을 가로막는다.

이 경우 원하는 일을 할 수 없을뿐더러 기존에 하던 일도 몰두할 수가 없다. 이직을 원하던 독자는 퇴사하고 싶은 마음이 간절했지만, 용기가 없어서 회사를 떠나지 못했다.

그는 이러한 심리적 갈등 때문에 일할 때도 마음이 불편했고 그럭저럭 버티면서 살게 되었다. 신경이 온통 딴 데 쏠려 있으니 업무에 전념할 수 없고, 그렇다고 퇴사할 용기도 없어서 제자리를 맴돌며 하루하루를 흘려보냈다.

우리는 마음속의 갈등 때문에 원하는 일을 하지 못하는 경우가 많다. 심리적 갈등은 딜레마의 근원이다. 어떤 사람이 제약을 받고 있는지 알고 싶다면 그 사람의 마음속에 갈등이 있는지 확인해 보면 된다.

마음속에 갈등이 있으면 하려는 일에 집중할 수 없고 잠재력을 최대한 발휘할 수 없어 발전은 고사하고 정체되고 만다. 심리적 갈등이 있는 경우 갈등에 대처하는 데 많은 에너지가 사용되므로 열심히 일할 여력이 없다. 심리적 갈등은 스스로에게 올가미를 씌운 것처럼 옴짝달싹할 수 없게 만들어 발전을 가로막는다.

chapter 14

안락함이라는
울타리에 갇히면

친구가 자동차 구입을 망설이는 이유

—

예전에 동물원에서 보았던 놀라운 장면이 아직까지도 생생하다. 어느 주말 동물원에 놀러 갔을 때의 일이다. 많은 사람들이 코끼리 우리 안으로 사과, 바나나 등 과일을 던져주고 있었고, 코끼리는 과일을 닥치는 대로 먹어치웠다.

그때 한 관람객이 던진 사과가 안전 펜스 쪽으로 굴러갔다. 코끼리는 사과를 쫓아가다 안전 펜스로부터 3~4미터 지점에서 갑자기 멈췄다. 바로 눈앞에 사과가 있었지만 먹지 않았다. 한두 걸음만 가면 사과를 먹을 수 있는데도 의기소침하게 돌아서는 코끼리의 모습을 보면서 왜 그러는 건지 무척 궁금했다.

자세히 살펴보니 안전 펜스로부터 3~4미터 지점에 가느다란 철사가 쭉 꽂혀 있었다. 이 철사는 경계선 역할을 하는 것 같았다. 하지만 이렇게 가느다란 철사는 아무런 해도 끼치지 못할 텐데 코끼리는 왜 넘지 못할까?

나는 이렇게 커다란 코끼리를 꼼짝 못 하게 만드는 그 철사의 정체가 뭔지 너무 궁금했다. 친구들은 철사에 전기를 통하게 했거나 철사에서 전자파 같은 게 나와서 코끼리가 다가가지 못하는 게 아닐까 추측했다.

나는 이 문제의 합리적인 해답을 찾고 싶어서 인터넷에서 각종 정보를 검색해 보았으나 별다른 답을 얻지 못했다. 그러다 궁금증을 참지 못하고 동물원에 전화해서 물어보았다. 그들의 답은 이러했다.

"코끼리가 관람객을 다치게 하는 상황을 방지하기 위해 어릴 때부터 그 철사를 넘지 않도록 훈련을 시킵니다. 코끼리가 철사를 넘어가려고 할 때마다 관리자한테 크게 야단을 맞죠. 코끼리는 영리한 동물이라서 오랜 기간 이런 훈련을 받으면 절대 철사를 넘어가지 않아요. 코끼리가 자라면서 몸집이 거대해지면 사실 이 철사는 있으나 마나 하지만 그래도 이 경계선을 절대 넘어가지 않아요."

코끼리가 가느다란 철사에 제약을 받는 것이 너무 멍청하다고 생각할 수도 있다. 그러면 사람은 어떨까? 사람도 코끼리와 크게 다르지 않다. 사람들에게는 안전하지 않은 곳과 행복하지 않은 곳이 제한구역이다. 사람들한테는 눈에 보이지 않는 관념 하나만으로도 꼼짝 못하게 가두고 속박할 수 있다.

자동차 운전을 굉장히 두려워하는 친구가 있었다. 친구는 자동차 얘기만 나오면 운전은 위험하다, 차량 유지하기가 힘들다, 운전면허 따러 갈 시간이 없다, 운전하면 술 마시기 어렵다 등 운전할 수 없는 여러 가지 이유를 대곤 했다. 그의 아내는 운전면허가 있어 줄곧 차를 사고 싶어 했지만 친구는 항상 망설이기만 했다.

어느 날 친구가 드디어 용기를 내어 차를 사기로 했다. 친구는 내게 전화해 자동차 고르는 것을 도와줄 수 있는지 물었다. 하지만 나는 다른 약속이 있어서 그가 안심하고 차를 고를 수 있도록 충분히 설명해 주었다.

며칠 후 친구에게 전화해서 새로 산 차가 어떤지 물었다. 그런데 그는 그날 자동차를 사지 않았다고 대답했다. 어떻게 된 일인지 묻자, 그가 이렇게 대답했다.

"네가 바빠서 같이 갈 수 없다고 하는데, 내가 차에 대해 뭘 아는 게 있어야지. 그래서 그냥 안 사기로 했어. 생각해 보니 운전하는 것보다 택시를 타는 게 훨씬 편하겠더라고."

참으로 어이없는 핑계였다. 이때부터 이미 2년이 지났지만 친구는 아직까지도 차를 사지 않고 있다.

고양이를 호랑이라며 두려워하는 사람들
—

자신에게 익숙한 상태에서 벗어나고 싶지 않다면, 이처럼 말도 안 되는 이유로도 원래의 자리에 가만히 머물 수 있다. 앞의 친구는 이런 사고방식에 머물고 있으니 단조롭고 무미건조한 삶을 이어갈 수밖에 없다.

그는 올해 마흔 살이 되었다. 스물일곱 살 때부터 그를 알았는데, 성격이나 사고방식은 그때나 지금이나 똑같다. 달라진 게 있다면 그때보다 머리숱이 적어졌고 배가 나왔으며, 잔소리가 늘었고 겁이 많아진 정도라는 것이다.

두려움은 우리가 새로운 것을 경험하지 못하도록 방해하고 새로운 것과 접촉할 기회를 차단한다. 그러나 여기서 알아야 할 것이 하나 있다. 우리가 두려워하는 대상이 우리의 행동을 제약한다고 생각하기 쉽지만, 사실 우리를 제약하는 것은 실체가 없는 마음속의 두려움이라는 것이다.

두려움이 우리 주위에 높은 담장을 쌓으면 우리는 익숙한 공간에 갇혀 밖으로 나갈 수 없다. 사람들은 마음속 두려움 때문에 익숙하고 안락한 안전지대에서 벗어나지 못한다. 하지만 대부분의 안전지대는 현실세계에 실제로 존재하는 것이 아니라 우리에게 익숙하고 일상적이며 심플한 마음속 상태를 의미한다.

우리는 항상 자신이 지금 어디에 있고, 왜 거기에 있으며, 거기서 무엇을 하고 있고, 왜 그것을 하고 있는지 알고 싶어 한다. 우리는 항상 명확하고 익숙하고 긍정적이면서 자신이 컨트롤할 수 있는 정보를 얻으려 하고, 스스로 삶을 통제하지 못하는 무력감을 두려워한다.

그래서 우리는 종종 미지의 것이나 불확실한 것을 위험요소로 간주한다. 그리고 위험요소를 피하기 위해 자신에게 익숙한 안전지대에 머물면서 그곳에서 빠져나오려고 하지 않는다. 우리는 미지의 상태를 두려워하기에, 알지 못하는 대상을 혼신의 힘을 다해 거부한다. 우리는 자신에게 익숙하고 안락하고 안정적인 환경에서 벗어나려고 하지 않으며, 우리가 거부하는 대상이 무엇인지 자세히 보려고 하지도 않는다.

우리는 '늑대가 나타났다'는 소리를 들으면 뒤도 안 돌아보고 무조건 달아나지만, 늑대가 얼마나 무서운지 경험해 본 적은 없다. 우리는 단지 습관적이고 반사적인 반응 때문에 두려움의 소용돌이에 휩싸이고, 그 속에서 발버둥 치면서 두려움을 증폭시킨다.

우리는 쓸데없이 에너지를 소모하다 힘이 다 빠지고 온몸이 경직되면 폐인처럼 살게 된다. 우리가 안정된 생활을 할 때는 안전함과 두려움이 우리의 행동을 제약하는 관념이라는 사실을 깨닫지 못한다.

자, 이제 감이 잡히는가? 우리는 왜 점점 안전지대에 의존하면서 미지의 것들에 그토록 두려워할까? 그것은 우리가 무의식적으로 부정적인 상상을 증폭시키기 때문이다.

당신이 온순한 고양이를 호랑이로 보고, 호랑이가 날카로운 이빨을 드러낸 채 입을 벌리고 있다고 생각하는 것과 같다. 만약 당신 눈앞에 있는 게 진짜 호랑이라면 당신이 이런저런 생각을 하기도 전에 당신을 잡아먹었을 것이다.

3장

삶에 대한 애착이
당신의 힘이다

chapter 15

우리가 진짜 위험에
빠지는 순간

따뜻한 물속의 개구리처럼 서서히

—

〈얼간이들The Fool〉이라는 러시아 영화가 있다. 주인공은 배관공
으로 어느 날 부실하게 시공된 건물을 수리하던 중에 건물이 무
너질 가능성이 높다고 판단했다. 그는 양심과 정의감 때문에 가
족의 반대를 무릅쓰고 시청에 이 사실을 보고했고, 빨리 주민을
대피시켜야 한다고 요구했다.

　관료들은 처음엔 주인공의 말을 믿지 않다가 직원 두 명을 보
내 건물을 조사했다. 그 결과, 건물은 실제로 붕괴 위험이 매우
컸다. 하지만 시청의 해당 부서에는 부정부패가 만연해 있었고,

주민 800여 명을 대피시키려면 막대한 돈이 필요했다. 결국 시청은 내막을 알고 있는 사람들을 없애버리고 이 일을 은폐하기로 했다.

신변에 위협을 느낀 주인공이 가족들과 함께 도망가던 중, 붕괴 위험이 있는 건물에서 주민들이 여전히 거주하고 있는 것을 목격했다. 그는 시청이 주민들을 대피시킬 생각이 없다는 사실을 깨달았고, 고심 끝에 아내의 만류를 뿌리치고 이곳에 남아 주민들을 직접 대피시키기로 했다.

주인공은 집집마다 다니면서 건물이 곧 붕괴되니 빨리 대피해야 한다고 알려주었다. 그가 이렇게 주민들을 모두 건물 밖으로 대피시켰는데, 어찌 된 일인지 건물은 붕괴하지 않았다. 그러자 주민들은 그를 영웅 행세하는 사기꾼이라고 비난하며 마구 두들겨 패고는 다시 붕괴될 건물로 돌아갔다.

시 당국의 부정부패 같은 외재적 요인은 차치하고, 영화의 등장인물들에 주목해 보면 참으로 안타까운 일이다. 사람들은 모두 자신의 거주지에서 지내면서 안전감, 확실성, 편안함을 느낀다.

따뜻한 물속에서 개구리가 서서히 죽어가듯이 안전지대에서 지내다 보면 자신이 알지 못하는 사이에 고립되고, 그러다 마침

내 마비되므로 건물에 균열이 생기고 기울어져서 곧 붕괴된다
는 사실을 전혀 알아차리지 못한다.

그랬기에 주민들은 주인공이 자신들을 구하러 온 줄도 모르
고 자신의 생활을 방해했다고 불평하면서 그를 사기꾼 취급하
며 적대시했다.

우리가 게으름과 타협하는 순간
—

사람들은 스스로를 위험에 빠뜨리는 일은 하지 않는다. 그런데
어떤 사람들은 스스로 위험한 상황에 자신을 내던짐으로써 극
도의 쾌감을 맛보려는 경우도 있다. 고층 빌딩 외벽을 로프 하
나 없이 기어오르는 사람들이 대표적이다.

중국 관광지 중에는 험준한 지역에 유리 잔도棧道가 설치된 곳
이 있다. 원래 잔도는 외진 산악지대를 통과하는 길을 말하는데
절벽에 구멍을 낸 후, 그 구멍에 받침대를 넣고 그 위에 나무판
을 놓아 만든다.

깎아지른 듯한 절벽 아래로 까마득한 낭떠러지 아래가 훤히
보이게 유리를 설치한 잔도는 첨단 기술로 건설되었고, 안전 테
스트를 통해 검증되었으므로 그 위를 걸어도 안전하다.

하지만 대부분의 사람들은 겁에 질린 나머지 잔도 근처에도 가지 못하고, 어떤 사람들은 잔도에 오른 뒤에 너무 무서워서 소리까지 지른다. 심지어 잔도 위에서 한 발짝도 못 움직이고 그 자리에 주저앉는 사람도 있다. 이들은 모두 유리 잔도가 안전하지 않다고 느끼는 것이다.

영화 〈얼간이들〉의 주민들이 주인공의 말을 듣고 건물 밖으로 대피했을 때까지는 안전을 추구하는 듯했다. 하지만 이들은 건물이 안전한지를 제대로 확인하지 않았고 건물이 붕괴되지 않자 다시 건물로 돌아가면서 평온한 일상을 방해한 주인공을 원망했다.

조금만 세심히 확인해 보면 건물이 안전하지 않다는 사실은 금세 알 수 있지만, 주민들이 추구한 것은 마음속 안전감이었다. 이들은 방해받고 싶지 않았고, 자신이 통제하고 있는 생활에서 벗어나기가 싫었다.

이 영화가 우리에게 주는 교훈은, 사람들은 자신이 안전하기를 진정으로 바라는 게 아니라 마음속 안전감만 추구하다가 진짜 위험에 빠지게 된다는 것이다. 영화에서 건물이 무너지는 광경을 보여주지는 않지만, 주인공이 목격한 대로 붕괴는 피할 수 없을 것이다.

따라서 우리는 마음속에 도사린 고정관념이 추구하는 안전감을 무조건 추구하려다 오히려 더 위험해질 수 있다는 것을 알 수 있다. 우리는 늘 위험 속에 살지만, 거기서 달아나지 못하게 막는 것 역시 현실의 안온함이 아닐까? 우리가 진짜 위험에 빠지는 순간은 바로 생각의 게으름과 타협하는 때이다.

chapter 16

가짜 성공으로
자신을 속이지 마라

가짜 성공에 속고 있지는 않은가?

—

사람들은 자기만의 안전지대에 뿌리내리기를 원할 뿐만 아니라 아무 근거도 없이 자기 자신을 무한 긍정하는 감정도 추구한다. 이 두 가지는 사람들로 하여금 정형화된 모델 속으로 집어넣는 다는 점에서 매우 위험하다. 아무리 노력해도 알맹이라곤 하나도 없는 가짜 성장을 하게 되기 때문이다. 사람들이 자기 자신을 어떤 모델 속으로 집어넣는지를 살펴보자.

가짜 성장 모델 1

특정한 상태를 유지하면 성공할 수 있다고 생각한다. 사람들은 자기 자신을 정형화된 모델 속으로 집어넣기 위해 노력할 때가 많다. 한 네티즌은 창업 후 10여 년 동안 열심히 노력했지만 아무 성과를 내지 못한 데다 상황이 점점 더 나빠지고 있어 사업을 계속해야 할지 접어야 할지 모르겠다고 말했다.

나는 버티는 것과 성과를 내는 것은 직접적인 관계가 없으며, 끝까지 버틴다고 모두 승리하는 것도 아니고 모두 이룰 수 있는 것도 아니라고 말해주었다.

사람들과 대화를 하다 보면 이와 유사한 고민을 많이 접하게 된다. 사람들은 자신의 삶이 만족스럽지 않을 때 이런 의문에 휩싸인다.

"내가 능력을 지속적으로 향상시키지 못해서 그런가?"

"내가 일을 끈기 있게 해내지 못해서 그런가?"

일반적으로 사람들은 노력이나 끈기 같은 긍정적 정신 상태를 유지하면 성공할 수 있고, 원하는 바를 이룰 수 있다고 믿는다. 하지만 이것은 잘못된 생각이다. 군말 없이 수행하기만 하면 무조건 성공하는 성장 모델 같은 건 세상에 없기 때문이다.

가짜 성장 모델 2

　사람들은 올바른 목표를 세우면 쉽게 성공한다고 생각한다. 네티즌들이 나에게 자주 하는 질문이 있다. 바로 자신이 무엇을 해야 성공할 수 있느냐는 질문이다. 영상 편집 일을 하는 네티즌이 있었다.

　그는 현재 하는 일이 마음에 들지 않는데, 이 일을 그만두면 무엇을 해야 좋을지 모르겠다고 했다. 가치 있고 의미 있는 일을 하고 싶은데 어떻게 하면 좋을지 모르겠다며 나에게 조언을 구했다.

　나는 그에게 지금 하는 일이 왜 싫은지 물었다. 그는 일이 따분하고 고도의 기술이 필요하지도 않아서 가치 없는 일처럼 느껴진다고 대답했다. 나는 그 네티즌에게 이렇게 이야기해 주었다.

　"이 세상에서 어떤 일이 가치 있고 유용한 지는 나도 잘 모르겠어요. 만약 세상에 절대적인 가치를 지닌 유용한 일이 정말로 존재한다면 그 일이 무엇인지 많은 사람이 알게 될 것이고, 그렇다면 모두들 불확실한 일에 매달릴 필요 없이 가치 있는 일만 열심히 하면 되지 않을까요? 사람들은 늘 어떤 일이 유용한지, 유익한지, 가치가 있는지, 발전 가능성이 있는지 질문하면서 안전감을 찾으려고 합니다. 사실 이런 문제에 정확히 대답할 수 있는 사람은 없을 것입니다."

사실상 어떤 특정한 일을 잘하면 성공할 수 있고, 어떤 특정한 상태를 유지하기만 하면 반드시 성공할 수 있다는 그런 성공법칙은 세상에 없다.

수많은 자기 계발서들이 인기를 끌고 있는 것을 보면, 대부분의 독자들이 가짜 성공을 추구하고 있음을 알 수 있다. 사람들은 자기 계발서를 많이 읽어서 성공 비법을 찾아내려고 한다. 어떤 사람들은 거기에 지나치게 몰두한 나머지 성공을 위한 직접적인 노력과 실천을 외면하기도 한다. 사람들은 진정한 한계가 마음에서 비롯된다는 사실을 알지 못한 채 외부의 도움으로 문제를 해결하려고 한다.

가짜 성장 모델 3

자신이 살아 있음을 증명하느라 애쓰는 사람들이 있다. 온종일 눈코 뜰 새 없이 바쁘게 움직이는 사람을 본 적이 있다. 그는 스스로를 바쁘게 만드느라 늘 분주하다. 다른 사람과 소소하게 의논할 일이 있으면 전화나 메일 같은 것으로 편리하게 소통하면 되는데도 굳이 직접 방문해서 시시콜콜 이야기한다. 그러면 상대방은 갑자기 찾아온 그에게 많은 시간을 할애할 수 없어 급히 몇 마디 나눌 뿐이다.

그의 업무 책상을 보면 한쪽 편에 가득한 서류더미들로 정신이 어지러울 정도다. 누군지 모르는 사람에게 부지런히 전화를 하고, 인터넷을 들여다보며 혼자 중얼거리기도 한다.

온 힘을 다해 이뤄야 할 숙제
—

이렇게 바쁘게 살아온 그는 과연 사업에서 성공했을까? 물론 아니다. 그는 아무것도 이루지 못했고 여전히 가난하게 살고 있다. 그는 자신에게 한가할 틈을 주지 않기 위해 분주한 상황을 계속 만들었지만, 실상은 아무런 보람도 없는 나날을 보내고 있을 뿐이다.

이 또한 가짜 성공의 전형적인 유형이다. 자신이 열심히 노력하고 있다고 믿고 싶어서 이런저런 일을 하며 억지로 바쁘게 지내고 성취감을 얻는 것이다. 이들은 열심히 노력해서 성장을 추구하는 것처럼 보이지만, 모든 게 허상에 지나지 않을 뿐이다.

살면서 그렇게 많은 문제를 마주해야 하며, 그렇게 많은 조건을 갖춰야 하고, 그렇게 많은 이유가 필요할까? 그런 사람들은 언제나 가식과 허위의 탈을 쓴 자신의 모습을 보여줄 뿐, 자기의 진짜 성공을 위한 진지한 노력은 하지 않는다.

이런 식의 가짜 성장으로 자기 자신을 속이는 사람이 의외로 많다. 당신은 어떤가? 남들이 창업해서 성공하는 모습을 보고 나도 그래야 한다며 여러 권의 비즈니스 서적을 구입하거나, 연예계로 진출한 친구가 TV에 나와 화려한 조명을 받는 걸 보고 나도 그래야겠다며 만사 제쳐놓고 그 일에 뛰어드는 것도 모두 가짜 성장일 뿐이다.

자기 스스로의 길을 걸어가는 사람, 평생 자기만의 길을 찾는 사람이 진짜 성공한 사람임을 잊지 말자. 독일 철학자 니체의 말은 그래서 언제나 울림이 크다.

"무엇보다 중요한 것은 자신의 꿈을 실현하는 일에 스스로 책임지는 자세다. 그대는 그 꿈을 책임질 수 없을 만큼 허약한가? 용기가 부족한가? 그대의 꿈 이상으로 그대 자신인 것도 없다. 그 꿈을 실현하는 일이야말로 그대가 온 힘을 다해 이뤄내야 할 숙제이다."

chapter 17

더 많이 가지면
더 행복할까?

긍정적 영향을 고르게 분배하라

—

한 친구가 쉰 살이 코앞인데 평생소원을 아직 이루지 못하고 있다고 말했다. 무슨 소원이냐고 물었더니, 그가 정말 뜻밖의 대답을 했다.

"내 꿈은 벼락부자가 되는 거야."

농담인지 진담인지 모를 말을 그렇게 내뱉고는 그가 껄껄 웃었다. 누구나 부자가 되고 싶다. 우리가 부자를 꿈꾸는 이유는 돈이 많으면 스스로 만족할 거라고 생각하고, 더 많은 즐거움과 행복을 누릴 수 있다고 믿기 때문이다.

당신이 10억 원을 받을 수 있는데, 한꺼번에 받을 수도 있고 1년에 1억씩 10년 동안 받을 수도 있다고 가정해 보자. 어떤 방식으로 수령해야 행복감이 더 오래 지속될까?

많은 사람들이 10억 원을 한꺼번에 받을 때 행복감이 더 오래갈 거라고 생각하는데, 사실은 그렇지 않다. 심리학자들의 연구에 의하면 행복감은 무한히 커지는 게 아니다. 행복감은 일정 수준까지는 지속적으로 커지다가 포화상태가 되면 멈춘다. 행복감이 포화상태에 이르면 우리는 더 이상 행복한 느낌을 체감하지 못한다는 얘기다.

배불리 먹은 후에 음식을 더 먹으면 맛을 느끼지 못할 뿐 아니라 속이 더부룩해진다. 마찬가지로 돈이 많아질수록 그에 비례해서 행복이 계속 증가하는 게 아니므로 한 번에 받는 돈이 더 많을수록 행복감이 더 커지는 게 아니다. 큰돈을 받아 행복감이 포화상태가 된 후 일정 시간이 흐르면 행복감이 사라질 것이고, 그 이후에는 행복감을 느끼지 못할 것이다.

큰돈을 한꺼번에 받거나 일시에 큰 성공을 거둔다고 해서 우리가 더 행복해지는 게 아니라면, 어떻게 해야 진정으로 행복해질 수 있을까? 심리학자들은 행복감이 긍정적 정서의 강도에 달려 있는 게 아니라 긍정적 정서의 빈도와 횟수에 달려 있다고 말한다.

이를 '긍정적 영향positive effect'이라고 부른다. 좋은 일의 강도나 크기에 관계없이 모든 종류의 좋은 일은 우리에게 즐거움과 행복감을 가져다 줄 수 있다는 것이다. 사람들은 소소한 칭찬, 배려, 격려, 조언을 꾸준히 받을 때 지속적인 행복을 얻을 수 있다. 따라서 행복한 삶을 살고 싶다면 '긍정적 영향'을 최대한 고르게 분배할 필요가 있다.

일상 속의 소소한 행복을 꿈꿔라

—

엄청나게 좋은 일을 한 번 경험하는 것보다는 소소하게 좋은 일을 계속해서 자주 경험할 때 더 행복해질 수 있다. 사람들은 매번 조금씩 돈을 벌고 혜택을 받거나, 매일 조금씩 발전하고 칭찬과 인정을 받는 걸 좋아한다. 이런 것들을 한꺼번에 받는 것보다는 빈번하게 지속적으로 받을 때 더 행복하다고 느낀다.

사람들이 행복을 추구할 때, 행복에 대한 상상을 추구하는 경우가 많다. 큰돈과 큰 성공이 자신을 행복하게 할 거라 생각하지만, 이는 우리의 상상일 뿐이다. 우리는 행복 시스템을 제대로 이해하지 못한 채 더 많은 보상을 더 빈번하게 원하고 있다.

행복의 시스템을 이해하면 자신의 즐거움과 행복을 스스로 관리할 수 있다. 우리가 긍정적인 일을 더 많이 할수록 더 많은 행복을 누릴 수 있다.

예를 들어 1년에 한 번 초대형 공연을 관람하는 것보다 영화를 자주 보는 게 낫고, 연말 보너스를 받은 후 갖고 싶었던 자동차를 사는 것보다 수시로 자기 자신을 격려하고 칭찬하면서 나를 위한 선물을 주는 게 더 낫다.

또한 2~3년에 한 번 럭셔리 여행을 가는 것보다는 수시로 여행을 다니면서 힐링을 하는 게 더 낫다. 한 마디로 더 큰 행복을 기대하고 있는 것보다 일상생활에서 언제든지 즐거움을 느낄 수 있어야 행복해진다. 우리가 엄청 대단한 성공과 보상을 얻어야만 만족감을 느낄 수 있는 게 아니라는 사실을 기억하자.

chapter 18

소크라테스가
제자들에게 내준 숙제

누구든 인생을 되돌릴 수는 없다

―

사람들이 인생에서 더 큰 행복, 더 큰 성공, 더 많은 돈을 추구한
다. 그런데 가장 성공한 삶이나 더 행복한 삶이란 도대체 무엇
일까? 아마도 대부분의 사람은 이것을 상세하게 묘사하지 못할
것이다. 이 세상에 가장 성공한 인생, 더 행복한 인생이 정말 존
재할까?

소크라테스는 어느 날 제자들을 밀밭으로 데리고 가서 가장
알이 큰 이삭을 찾아오라고 했다. 다만 밀밭에서는 앞으로 전진

만 할 수 있을 뿐 후진은 안 되며 이삭은 한 번만 딸 수 있다는 조건을 붙였다.

제자들은 스승의 말씀에 따라 가장 큰 이삭을 찾으러 밀밭에 들어갔다. 제자들은 상당히 큰 이삭을 발견해도 '좀 더 가다 보면 이보다 더 큰 게 있을 거야. 더 큰 이삭을 딸 기회를 놓칠 순 없지!'라고 생각하면서 계속 앞으로 나아갔다.

밀밭을 걷는 동안 제자들은 계속 눈앞의 이삭이 가장 큰 것은 아닐 거라고, 조금 더 가면 분명히 가장 큰 이삭이 나타날 거라고 생각했다. 하지만 밀밭의 끝에 도착할 때까지 가장 큰 이삭은 찾지 못했고 끝내 빈손으로 돌아올 수밖에 없었다.

누구든 인생을 되돌릴 수는 없다. 우리가 더 행복한 삶을 찾아 헤매는 것은 밀밭에서 가장 알이 큰 이삭을 찾으려는 것과 마찬가지로 헛수고로 끝날 것이다. 우리가 가장 큰 이삭을 찾을 수 없듯 가장 행복한 삶이나 더 즐거운 삶은 찾을 수 없기 때문이다.

가장 큰 이삭이나 더 큰 이삭이 나타날 거라고 생각하는 것은 현재 우리 눈앞의 이삭이 충분히 크지 않다고 인정하는 것과 같다. 그러므로 더 큰 것을 찾으려면, 먼저 눈앞에 있는 것이 충분히 크지 않고 충분히 만족스럽지 않다고 인정해야 한다.

이는 사람들이 자주 하는 행동이다. 사람들은 지금 자신이 바라던 삶을 살고 있지 않다고 생각하면서 장차 더 행복해지고 더 성공하며 더 부유해질 거라고 믿기 때문에 언제나 더 큰 행복, 더 큰 성공을 갈망한다.

우리의 삶이 가장 크거나 더 큰, 가장 많거나 더 많은, 가장 좋거나 더 좋은 개념에 빠지면 우리는 더 큰 즐거움과 더 큰 행복의 기준이 무엇인지 모르기 때문에 끝내 길을 잃고 말 것이다.

현재 가지고 있는 차보다 얼마나 더 좋아야 하며, 현재 연봉보다 얼마나 더 높아야 하고, 현재 집보다 얼마나 더 커야 할까? 이는 구체적인 기준이 없는 모호한 개념일 뿐이다. 단지 어떤 대상과 비교해서 더 크거나 더 좋다고 판단할 수밖에 없으며 일반적으로 우리는 현재 가지고 있는 것과 비교해서 더 크고 더 좋은지 여부를 판단한다.

설령 얼마나 더 큰 집에 살면서 얼마나 더 높은 연봉을 받으면 우리가 더 행복해질 수 있는지 안다고 하더라도, 더 크고 더 많고 더 좋은 같은 개념 때문에 현재 우리의 삶이 무자비하게 부정되기 때문에 우리는 길을 잃고 만다.

우리의 삶이 부정되는 순간 눈앞의 삶을 더 이상 누릴 수 없게 되며, 우리의 삶이 힘들고 고통스럽게 바뀔 것이다. 더 크다는 개념은 비교의 결과로, 현재 우리가 갖고 있는 것을 다른 사람과 비교한 후에 생기는 개념이다. 우리가 이렇게 비교할 경우, 현재 자신이 갖고 있는 것을 무시하게 되고, 지금 우리가 살고 있는 실질적인 삶을 무시하게 된다.

0의 소수점 뒤에 아무리 숫자가 많더라도
—

베이징에서 일하고 있는 70대 노인에게 나이도 많은데 왜 타지에 와서 일하고 있는지 물어보았다. 그는 고향에 있는 집을 새로 짓기 위해 그런다고 말했다. 그래서 또 물었다.

"고향 집이 지내기 힘들 정도로 낡았나요?"

"몇 년 전에 벽돌로 새로 지어서 지낼 만합니다."

나는 점점 더 궁금해져서 그러면 집을 왜 새로 지으려고 하는지 물었다. 그러자 그는 이해할 수 없는 대답을 했다.

"이웃이 최근 이층집을 지어서 우리 집이 너무 초라해 보이더군요. 우리 집도 내년에 2층으로 새로 짓자고 온 가족이 결정했어요. 그래서 지금 열심히 돈을 벌고 있는 거라오."

이 노인은 지은 지 몇 년 안 된 자신의 집을 이웃집과 비교하면서 부정했고, 이웃의 집처럼 이층집으로 만들려고 한다. 우리는 이렇게 자신보다 더 크고, 더 좋은 것을 더 많이 갖고 있는 사람들을 끊임없이 발견한다. 결국 더 크고 더 좋은 것은 영원히 가질 수 없게 된다.

그러므로 우리가 더 행복한 삶을 추구하는 것은 밑 빠진 독에 물을 붓는 것과 마찬가지다. 우리는 무한히 반복적으로 자신의 삶이 마음에 들지 않는다고 느끼면서도 더 나은 삶을 살지 못하므로, 삶이 늘 불만족스럽고 힘들고 고통스러울 것이다. 우리는 언제든지 남과 비교할 수 있지만, 결국 원하는 것을 얻지 못할 것이다.

현재의 삶이 가치 있는지 없는지, 우리가 삶을 잘 살 수 있는지 없는지가 중요한 것이 아니다. 우리는 삶을 반드시 살아내야 하므로 어떻게 하면 좋은 삶을 살 수 있을지 고민하고 실천하는 게 중요하다.

우리는 생활 속에서 즐거움과 행복을 얻을 수 있다. 이를 위해 우리는 원하는 것과 필요한 것을 구분해야 하며, 자신에게 정말로 필요한 것이 무엇인지 알아야 한다. 필요한 것은 나 자신의 진정한 필요성이고, 원하는 것은 자아의식의 욕구이다. 나에게 진정으로 필요한 것이 무엇인지 알아야만 자기 자신을 잃지 않는다.

　나에게 진정으로 필요한 것이 무엇인지 모를 때 타인과 비교
하게 되고 타인의 삶의 방식이 더 좋다고 느끼면서 자기 자신을
잃어버리게 된다.

　우리가 남보다 더 나은 삶을 살아야 하는 것이 아니고, 여기
저기 기웃거리며 특정한 삶의 방식을 추구해야 하는 것도 아니
다. 나에게 진정으로 필요한 것이 무엇인지 깨달아야만 눈앞의
삶을 소중히 여기며 향유할 수 있다.

　인생은 0과 1의 게임과 같아서 0의 소수점 뒤에 아무리 숫자
가 많더라도 1을 이길 수 없다. 다시 말해 우리가 현실 세계에서
지금 이 순간의 삶을 내실 있게 살지 않으면, 머릿속으로 아무
리 아름다운 삶을 꿈꿔봐야 의미가 없다.

　현재를 살고 남과 비교하지 말고 자신이 성실히 살고 있는 실
질적인 삶을 소중히 여기는 법을 배워야 한다. 현재를 소중히
여기지 않으면 삶의 전부를 잃게 되며, 평생 허황되게 더 크고
더 많고 더 좋은 것을 추구할 것이다.

chapter 19

인생은 만 분의 일 확률의
도박이 아니다

진정으로 하고 싶은 일을 한다는 것

—

한 대기업 회장이 엄청난 성공을 거둔 후에 이렇게 말했다.

"우리는 반드시 꿈을 가지고 있어야 한다. 그래야 만에 하나라도 꿈이 이루어질 수 있지 않은가?"

그러나 사람들은 이 말에서 10,000분의 1이라는 성공 가능성만 보았고, 10,000분의 9,999의 실패 가능성은 간과했다. 만에 하나 꿈이 실현되면 당연히 좋겠지만, 꿈을 실현하지 못할 경우 우리는 삶을 어떻게 마주해야 할까?

많은 사람이 지푸라기라도 잡고 싶은 심정으로 만에 하나를

입에 달고 다니면서 꿈을 실현시킬 수 있는 원동력으로 삼을 때, 도대체 언제부터 우리 인생이 만 분의 일 확률의 도박판이 되었을까 하는 생각이 들었다.

우리 인생에서 꿈을 실현하는 순간만 가치 있는 걸까? 바로 그 순간만 아름다운 걸까? 우리가 정말 자신의 꿈을 좇고 있기는 한 걸까?

창업 초기에 나의 목표는 상당히 심플했다. 나의 목표는 내가 하고 싶은 일을 하는 것이었다. 내가 좋아하는 일을 하고 있기에 매우 열심히 할 수 있었다. 창업 초기에 어려운 점도 있었지만 3년쯤 지나니 사업이 순조롭게 진행됐고, 수익도 창출할 수 있었다.

사람들은 수중에 돈이 좀 있으면 더 많은 돈을 벌고 싶고 작은 성과를 거두면 다음엔 대단히 중요한 일을 하면서 탁월한 성과를 내고 싶어 한다. 나도 예외가 아니었다. 최대한 사업을 키워서 더 큰 꿈을 이루고 싶었다.

그래서 나는 첨단 기술 분야의 프로젝트를 추진하기로 했다. 이 기술은 당시 글로벌 시장에서도 연구 단계에 있었으므로 향후 수요가 급증할 것이라 확신했다. 그래서 자신만만하게 막대한 비용과 인력을 투입해 제품 개발을 위해 노력했다.

그 뒤 투자자를 찾아 사업 규모를 키우려 했지만 초기 제품 개발에 너무 큰돈이 들어갔고, 추가로 자금을 확보하는 것도 여의치 않았다. 자금이 고갈되어 더 이상 버틸 수 없게 되자 어쩔 수 없이 사업을 포기해야 했다. 이후 나는 방향을 전환해서 두 가지 프로젝트에 연이어 투자했지만 성과는 모두 내 기대에 훨씬 못 미쳤다.

계속되는 실패에 나는 삶의 방향을 잃어버렸고, 앞으로 어떻게 살아야 할지 고민에 빠졌다. 사업 실패의 원인을 곰곰이 생각해 보다가 사업하는 과정을 나 스스로 즐기지 못했다는 사실을 깨달았다. 나는 그 일 자체가 좋아서 빠져들었던 게 아니라 그 일을 성공시켜 마음 밑바닥에 도사린 야망을 실현하고 싶어서 사업을 추진했던 것이다.

　우리는 상업적 가치를 중시하는 시대를 살고 있다. 비즈니스 성공 사례와 성공한 사람들의 정보가 곳곳에 넘쳐나고, 미디어가 이를 대대적으로 보도하면서 상업적 가치를 끊임없이 증폭시키고 있다.

　이로 인해 사람들은 성공에 대한 환상을 품게 되고 성공의 유혹에 빠지며, 비즈니스에서 성공을 거두는 것이 진짜 성공이라고 착각하면서 성공의 기준을 상업적 가치에 두게 되었다. 다시 말해 상업적으로 성공해야 자아의 가치를 실현할 수 있다고 생각하는 것이다.

　우리의 꿈은 사회적 분위기와 주변의 영향을 받으면서 자기도 모르는 사이에 서서히 변화된다. 남들이 좋은 기회라고 말하면, 자신도 그 기회를 놓칠 수 없다고 생각해 좋아하지도 않는 일에 뛰어들게 된다.

　몇 년 전 부동산 투자 열풍이 불었을 때 친구가 나에게 부동산에 투자하라고 권유했다. 친구는 지금 부동산 붐을 타고 투자하면 큰돈을 벌 수 있고, 이런 기회는 다시 오지 않으니 절대 놓치면 안 된다고 누누이 말했다. 당시에 정말 많은 사람이 부동산 시장에 뛰어들었고 자금력이 충분치 않은 사람들도 부동산 거래로 돈을 벌고 싶어 했다.

나는 이 제안을 거절했다. 매일 누군가는 큰돈을 벌겠지만 모두가 부동산 투자를 하는 건 아니라고 생각한다. 자신이 하고 싶은 일이 무엇인지가 가장 중요하다. 부동산 투자를 하고 싶은 사람은 부동산 시장에 뛰어들면 되는 거고, 나에게는 내가 하고 싶은 일이 있었다.

사방에서 밀려오는 유혹에 흔들리지 않을 수 있는 사람은 많지 않다. 수많은 유혹 때문에 사람들은 특정한 일을 해야만 큰 성과를 낼 수 있고, 특정한 일을 해야만 투자를 받을 수 있고, 특정한 방식으로 경영해야만 상장할 수 있다고 생각한다.

좋아하는 일 자체가 목적이 되어야 한다
—

우리가 입에 달고 다니는 꿈이라는 말 속엔 일에 대한 사랑은 없고 온갖 허영심, 점점 커지는 자아의식의 야망, 강렬한 돈의 유혹이 가득 차 있다. 그래서 원대한 꿈을 갖고 있으면서도 정작 자기 자신은 강인하지 못한 젊은이들을 쉽게 볼 수 있다.

미디어가 특정 인물처럼 되어야 성공자라는 인식을 심어주기 때문에 우리는 꿈에 대해 잘못된 생각을 하는 경우가 많다. 많은 사람이 빌 게이츠, 마윈, 리자청李嘉誠, 세계적인 사업가이자 창장실업 회장 같은 사람처럼 되기를 열망하지만, 사실 이들의 성공 본질은 간과한다.

스티브 잡스에 대해 말하면 그가 세운 제국을 떠올리고 그의 비즈니스 모델에만 관심을 가질 뿐 일에 대한 열정과 사랑, 몰입, 성공을 위한 강인한 의지와 노력은 간과한다. 일 자체에서 출발하지 않고 꿈을 추구한다면 우리의 꿈은 경박함이 만들어 낸 환상에 지나지 않는다.

사람들은 종종 외부 환경의 영향을 받아 선택하고 결정하므로 꿈 가운데 자신이 설 자리가 없다. 다른 사람의 염원에 따라 특정한 일을 하고 특정 인물이 되려고 하면서 우리는 그것을 꿈이라고 부른다.

실제로 자신이 좋아하는 일을 하지 못하고 자신이 되고자 하는 사람이 되지 못하지만, 우리는 이를 아름답게 포장해 '나의 꿈'이라고 부른다. 꿈을 추구하는 과정에서 우리는 무엇이 진정으로 자신에게 속하는 꿈인지 명확히 알아야 한다. 꿈은 돈 냄새를 강하게 풍기는 환상이 아니고, 출세하고 부자가 되기 위한 수단이 아니다. 감출 수 없는 허영심과 점점 커지는 자아의식의 야망을 충족시키는 데 꿈을 이용해서도 안 된다.

만약 당신의 꿈속에 이런 것들이 뒤섞여 있다면 당신의 인생이 만 분의 일 확률의 도박판이 되면서 일하는 과정이 골치 아프고 부담스러워질 것이다. 만약 당신의 삶이 이러하다면, 당신은 덧없는 인생을 살고 있으며 남이 설계한 판에 뛰어든 들러리에 불과하다.

오늘부터 꿈과 목표를 추구하기 전에 먼저 자신에게 이런 질문을 해보자. 만약 투자자를 찾지 못하더라도, 큰돈을 벌지 못하더라도, 출세하지 못하더라도 이 일을 계속할 것인가? 아니면 그만둘 것인가?

음악이 당신의 꿈이라면, 당신의 음악을 들어줄 청중이 없어도 즐겁게 노래 부르고 연주할 수 있는지 스스로 자문해 보자. 만약 그럴 수 없다면, 이는 당신이 아닌 다른 이의 꿈과 목표이거나 당신의 야망일 가능성이 있다.

당신이 하려는 일에 경외심을 느끼는 나 자신은 없고, 현실과 괴리된 도도한 자아의식만 있다면 결국 길을 잃게 될 것이다. 일 자체에 몰입하지 못하고 일을 통해 자신의 야망을 실현하려고 해도 마찬가지다.

일에 대한 경외심이 없다면 당신의 마음을 일 자체에 두지 않고, 일을 이용해 자아를 환상에 빠져들게 할 뿐이다. 애착한다는 것은 무조건적으로 일 자체에 몰입하는 상태를 의미한다. 여기에는 두 가지 포인트가 있다.

첫째, 아무런 환상이나 욕망 없이 무조건적이어야 한다. 둘째, 터무니없는 환상에 휘둘리지 말고 자신이 관심 있고 좋아하는 일 자체가 목적이 되어야 한다. 이를 위해서는 일에 대한 경외심이 반드시 필요하다.

chapter 20

경험을 통해
좋아하는 법을 배우다

그 일을 하면서 좋아하는 법을 배우게 된다

―

직장인들에게 지금 하고 있는 일을 진정으로 좋아하느냐고 물었다. 결과는 놀랍게도 75%가 지금의 직업을 어쩔 수 없이 선택했다는 답을 내놓았다. 이렇듯이 사람들은 단순히 자신의 생계를 해결하기 위해 어쩔 수 없이 일하는 경우가 많다. 학생이든 인턴이든 평범한 직장인이든 자신의 일을 대할 때마다 늘 도망가고 싶어 하고, 전직이나 퇴사를 갈망한다.

대부분의 사람들은 자신이 하고 있는 일에 문제가 있어서 그렇다고 대답한다. 생각해 보면 우리는 원하는 일을 하지 못하고,

좋아하는 일은 전망이 밝지 않은 경우가 많다. 그렇기에 현대인들은 원하는 일, 좋아하는 일, 지금 하고 있는 일 사이에서 어떻게 해야 할지 고민한다.

이런 일은 우리가 일에 대한 근본을 정확히 이해하지 못하기 때문에 일어난다. 사실 일이란 원하는 일, 좋아하는 일, 지금 하는 일로 구분되는 것도 아니고, 그중에 하나를 선택할 수 있는 것도 아니다.

로라 키켄Laura Kiken은 버지니아 커먼웰스Virginia Commonwealth 대학에서 박사과정을 밟고 있을 때 사람들이 집중한 상태에서 사물에 대해 어떤 생각과 태도를 보이는지 연구했다.

우선 피실험자를 두 그룹으로 나눈 후, 심리적 암시를 통해 두 그룹의 집중도를 상이한 상태로 만들었다. A그룹 피실험자는 집중력이 높은 상태에서, B그룹 피실험자는 정신이 분산된 상태에서 각각 '콩알 고르기' 테스트에 참여한 것이다.

PC 모니터에 콩알이 하나씩 나타나면, 피실험자는 이 중 좋은 콩알을 선별해야 한다. 콩알을 잘 고르면 가산점이 되고 잘못 고르면 감점이 되는데, 피실험자가 콩알을 고르면 정답이 화면에 즉시 공개됐다.

피실험자는 둥근 모양은 좋은 콩알이고 반점이 있으면 나쁜 콩알이라고 생각하면서 콩알을 골랐지만, 사실 이 실험에서 콩알 자체에 좋고 나쁜 구분이 없었으며 PC는 정답을 랜덤으로 보여줬을 뿐이었다.

실험 결과, 집중력이 높은 A그룹 피실험자는 좋은 콩알을 더 많이 골랐다. 다시 말해 콩의 좋은 측면을 더 많이 발견했다. 반면 정신이 분산된 B그룹 피실험자는 나쁜 콩알을 더 많이 골랐다. 이 실험을 통해 사람들은 몰입하고 집중한 상태에서 낙관적인 태도를 보이고, 사물에 대해 긍정적 측면을 더 많이 보는 경향이 있음을 알 수 있다.

이유는 사람들이 현재에 집중하고 마음속 잡념의 간섭을 받지 않을 때, 눈앞의 사물을 편견 없이 바라보며 사물의 좋은 측면에 집중하기 때문이다.

이 실험은 잡념 없이 사물에 집중하면 눈앞의 대상이 아름답고 흥미롭게 느껴진다는 점을 알려준다. 집중력이 높은 상태에서 별 차이 없는 평범한 콩알이 좋은 콩알로 보였듯이 말이다.

마음으로는 어떤 일에 대한 거부감이 있더라도 그 일을 해야만 하는 경우가 많다. 그러나 저항과 거부는 문제를 해결하는 방법이 아니며, 일하는 괴로움을 가중시킬 뿐이다. 그러므로 어떤 일을 잘하고 싶다면 일에 대한 거부감을 없애는 것, 다시 말해 일에 자의식을 개입시키지 않는 것이 중요하다. 일에 자의식이 개입되는 순간 좋은 일과 나쁜 일로 나뉘면서 거부감이 생기기 때문이다.

일에 대한 거부감을 경외심으로 바꾸려면 관점을 바꿔야 한다. 그렇게 해야만 일의 다양한 측면을 볼 수 있으며, 그중에서 더 많은 가치를 발견할 수 있다. 경외심이 커지면 거부감은 줄어들고 괴로움도 사라질 것이다.

스티브 잡스는 당신이 하는 일을 사랑해야만 위대한 일을 이룰 수 있으며, 아직 그런 일을 못 찾았다면 멈추지 말고 계속 찾아야 한다고 말했다. 사랑을 해야만 위대한 일을 해낼 수 있다는 말은 분명한 진리이다. 그런데 사랑하는 일을 찾을 수 있을지 의문이라면 영국의 정치가 윈스턴 처칠Winston Churchill의 말에서 이에 대한 해답을 찾을 수 있다.

"우리가 무엇인가를 좋아한다고 해서 그 일을 잘할 수 있는 것은 아니다. 하지만 우리는 그 일을 하면서 좋아하는 법을 배우게 된다."

좋아하는 일을 하다가 현미경을 발명하다

―

중국인 최초로 노벨생리의학상을 수상한 투유유屠呦呦 교수는 말라리아를 치료할 수 있는 아르테미시닌artemisinin을 발견해서 영광의 수상을 할 수 있었다.

아르테미시닌은 다른 약물에 비해 기생충을 더 빨리 죽이고, 모든 생명 주기 단계를 제거하는 능력이 있어 매년 전 세계적으로 70만 명이 넘는 사람들을 죽음으로 몰고 가는 말라리아를 박멸하는 데 크게 기여했다.

사람들이 어떻게 이토록 위대한 일을 이룰 수 있었는지 궁금해 하자, 그녀는 일 자체를 사랑했기 때문에 그렇게 큰 성과를 낼 수 있었다고 말했다. 투유유 교수는 생애 대부분을 연구에 몰두했고, 위험을 무릅쓰고 자신에게 직접 약물 실험을 할 정도로 일 자체를 위해 모든 것을 바치고 헌신했다.

네덜란드 과학자 안톤 판 레벤후크Antonie van Leeuwenhoek는 현미경과 미생물 분야의 개척자로, 역사상 최초로 현미경을 발명한 인물이다. 그는 평생 동안 500개 이상의 렌즈를 연마했으며 400개 이상의 현미경을 만들었다.

그는 자신이 만든 현미경으로 각종 시료를 관찰해 최초로 미생물을 발견했는데, 그가 처음 현미경을 연구하게 된 이유는 순전히 현미경 자체에 대한 관심 때문이었다.

레벤후크의 연구 과정은 비밀스럽게 진행되었고 아무도 참관할 수 없었다. 그는 언제나 집에서 혼자 인내심을 가지고 렌즈를 연마하고 관심 있는 물질을 관찰했다. 렌즈를 연마하는 것은 시간이 오래 걸리고 엄청난 인내심과 세심함이 필요한 작업이다.

하지만 레벤후크는 이 작업을 따분하다고 생각하지 않고 완전히 빠져들었다. 그는 남에게 인정받으려 하지 않았고, 명예를 얻으려고 하지도 않았다. 그만큼 현미경으로 관찰하는 일 자체를 순수하게 좋아했던 것이다.

이후 레벤후크는 친구의 권유에 따라 자신이 현미경으로 관찰하고 연구한 결과를 영국 왕립학회에 소개했다. 명예나 영웅심 같은 것은 안중에도 없이 과학적인 성취를 나누고 싶은 순수한 마음이었다. 그러나 그의 연구는 과학계에 큰 충격을 주었고, 이를 계기로 왕립학회의 회원이 되었지만 그는 이런 일들을 그다지 중요하게 여기지 않았다.

심리학자 미하이 칙센트미하이Mihaly Csikszentmihalyi 교수는 '몰입flow'이라는 개념을 제시했다. 몰입이란 애쓰지 않고도 자연스럽게 일에 빠져드는 상태를 말한다. 사람들은 몰입 상태에서 시간의 흐름, 자아의식, 고민거리 등을 모두 잊을 수 있다. 미하이 교수는 사람들이 몰입 상태에서 상상을 초월한 행복감을 느낄 수 있다고 했으며, 이를 '최적의 경험'이라 불렀다.

일을 하면서 이런 경험을 하려면 편견이나 욕심 없이 일 자체를 목적으로 두어야 한다. 아무 편견 없이 일 자체를 목적으로 하면 일 그 자체를 즐길 수 있고, 결국 물아일체의 경지에 이를 수 있다. 이것이 성장의 원동력이고, 모든 성공자들이 공유하는 힘이라는 사실은 두말할 필요도 없다.

chapter 21

삶에 대한 애착이
당신의 힘이다

내가 원하는 게 무엇인지만 알면 돼요

—

인생의 바탕이 되는 힘은 씨앗과 같아서 의지할 수 있는 토양만 있으면 뿌리를 내리고 싹을 틔우고 꽃을 피우고 열매를 맺을 수 있다. 그렇게 매년 무럭무럭 자라다 보면 나무가 되고 훌륭한 재목이 될 수 있다.

그런데 만약 씨앗을 어느 토양에 심어야 할지 모른다면, 끝없이 바람에 이리저리 날릴 뿐 뿌리를 내리지 못하고 싹을 틔우지 못할 것이다. 우리가 하는 일에 늘 애착을 갖고 마음의 뿌리를 내리면 탁월한 성과를 거둘 수 있으며 심지어 기적 같은 일이 일어날 수도 있다.

물론 마음의 힘은 우리를 빛의 땅으로 인도할 수도 있고 암흑의 바다로 데려갈 수도 있다. 탁월함으로 이끌 수도 있고 비루함에 머무를 수도 있다. 행복으로 이끌 수도 있고 고통에 빠지게 만들 수도 있다. 결론은, 우리가 마음의 힘이 이끄는 인생을 살아야만 비극에서 벗어날 수 있다는 것이다.

어느 날 출장길에 비행기 옆자리에 앉은 청년과 이야기를 나누었다. 청년은 베이징에서 사는 화가 지망생이었다. 많은 예술가 지망생들이 한마을에 모여 작업을 하는데, 청년은 그곳의 생활환경이 그다지 좋지는 않다고 말했다.

그는 세 평 남짓한 방에 살고 있으며, 한 달에 그림을 한 점밖에 못 팔 때도 있어서 언제나 돈이 부족하다고 했다. 하루 세 끼 중 한 끼는 라면으로 때우고, 데이트 비용이 없어서 여자친구 사귀는 건 엄두도 낼 수 없었다. 하지만 그는 어디서 살면서 뭘 먹고, 뭘 입는지는 중요하지 않고 그냥 그림을 계속 그릴 수만 있다면 더할 수 없이 행복하다고 말했다. 그러면서 그가 말했다.

"나는 세상이 내게 무엇을 원하는지 상관 안 해요. 나는 내가 원하는 게 무엇인지만 알면 돼요."

당신은 이 청년이 정신 못 차린다고 생각하는가? 예술을 해
봐야 아무 소용없다고 말하고 싶은가? '예술을 하면서 큰집에서
살 수 있어? 고급 승용차를 몰 수 있어? 먹고 살 수 있어?'와 같
은 물음표를 던지는 사람은 분명 어떤 일도 진정으로 사랑해 본
적이 없을 것이다.

사랑하는 일이 없는 사람의 인생은 바람에 날리는 씨앗과 같
아서 언제나 바람이 부는 대로 움직인다. 이런 사람은 화가 지
망생 청년의 열정이 얼마나 고귀하고 강력한 것인지 이해하지
못한다. 그리고 그러한 열정이 언젠가는 그 젊은이의 삶에 빛으
로 작용할 것임을 모른다.

자신의 일을 사랑한다는 것

—

〈웨이트리스Waitress〉라는 미국의 코미디 영화가 있다. 식당에서
웨이트리스로 일하는 제나는 커다랗고 맛있는 파이를 만드는
걸 좋아한다. 그런데 그녀의 삶은 행복하지 않다. 애정 없는 결
혼생활이 그녀를 괴롭히기 때문이었다.

남편은 이기적이고 거만한 남자로, 통제욕이 강하고 무능하
고 폭력적이어서 아내를 함부로 대한다. 그는 제나가 웨이트리

스로 번 돈을 모두 빼앗아가고 몰래 숨겨둔 돈까지 찾아내어 갈취한다. 게다가 제나가 너무 피곤해 쓰러졌을 때도 어김없이 섹스를 강요했다.

제나는 줄곧 파이 만들기 대회에 나가고 싶어 했지만 남편은 분수를 모른다며 구박했다. 제나는 남편의 엄격한 감시를 받으면서 노예처럼 식당에서 열심히 일할 수밖에 없었다.

제나는 하루 빨리 돈을 많이 모아서 남편 곁을 떠나고 싶었다. 시간이 흐르고, 그녀가 남편 몰래 조금씩 모은 돈을 가지고 떠나려고 할 때 자신이 임신했음을 알고는 망연자실한다.

산부인과에 검사받으러 간 제나는 의사 포매터를 만나고, 두 사람은 사랑에 빠진다. 하지만 제나에게 용기와 사랑을 주는 포매터도 유부남이었다. 그들은 자신들이 육체적 관계에 불과하며 미래가 없다는 것을 깨닫는다.

여기까지 보면 제나가 얼마나 불운한지 알 수 있다. 그녀는 매번 삶에 농락당하며 너무나 비참하게 살고 있다. 하지만 아무리 괴로운 순간에도 그녀는 파이를 만들면서 무한한 행복을 느꼈다.

그녀는 새로운 파이를 구상하고 만드는 과정을 즐겼고, 자신이 만드는 파이 속에 삶에 대한 감정이 모두 녹아들어 있다고 자부했다. 그렇게 제나는 생활 속의 다양한 감정을 모두 파이 속에 담아냈다. 파이를 만들기 시작하면 괴롭고 힘든 일들은 모두 잊히고 삶이 아름답게 느껴졌다.

파이에 대한 사랑 덕분에 제나는 삶이 완전히 불행하거나 완전히 암담하기만 한 것도 아니라고 느꼈다. 그녀는 불행했던 경험에서 영감과 아이디어를 얻어 매우 독특한 모양의 파이들을 만들어 냈다. 파이에 대한 사랑이 없었다면 제나는 마음 기댈 곳이 없었을 것이다.

사람들은 무엇인가를 깊이 사랑할 때 두려움이 사라지고, 불행도 그다지 고통스럽지 않다고 느낀다. 제나는 파이 만드는 것을 사랑했기 때문에 고통스러운 삶을 견뎌냈고 점점 강인해졌다.

딸이 태어난 날, 제나는 자신이 원하는 삶을 살기로 결심하며 남편과 헤어지고 포매터와도 끝을 낸다. 그리고 파이 대회에 나가서 자신의 실력으로 우승을 차지한다. 그 뒤 제나는 파이를 사랑하는 마음으로 파이 가게를 오픈하고 딸과 함께 새로운 인생을 시작한다.

그녀의 앞날에 또 무엇이 기다리고 있을지는 알 수 없다. 그녀가 앞으로 즐겁고 행복한 인생을 살게 될지 어떨지는 예측할 수 없지만 한 가지 분명한 것이 있다. 뭔가에 애착을 가진 사람은 자신의 삶을 사랑하기 때문에 어떤 괴로움도 감내할 수 있다. 오직 사랑만이 사람을 독립적이고 강하게 만든다.

인생을 살면서 일 자체를 사랑하는 법을 배워야 한다. 일에 대한 사랑과 흥미가 있어야만 삶이 암담해질 때 이에 맞설 수 있고 게으름을 떨쳐낼 수 있으며 완전히 몰입할 수 있다. 또한 우리가 일 자체를 사랑할 때는 남이 나를 어떻게 생각하는지 크게 신경 쓰지 않게 된다. 자신이 무엇을 원하는지 알기 때문이다. 삶이 암담하고 불확실할 때에도 마음속의 사랑을 찾는 것이 매우 중요하다. 마음속에 사랑이 있으면 삶에 깊이 뿌리내려 흔들리지 않으므로 인생을 흠집 내려는 풍파가 조금도 두렵지 않다.

이번 실패로 얻은 것은 무엇인가?

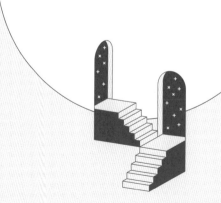

chapter 22

하고 싶은 일을 할 때
지혜로워진다

19세 청년의 위대한 발명품

—

발명품 하나로 세계적으로 유명해진 19세 청년이 있다. 미국의
이스턴 라채펠레Easton LaChappelle는 국제과학기술경진대회에서
2등을 했고, 미국항공우주국NASA으로부터 공동 개발 프로젝트
를 제안받았다.

미디어에선 그를 차세대 스티브 잡스, 또는 차세대 빌 게이츠
라 불렀다. 그가 얼마나 위대한 일을 했기에 불과 19세에 그렇
게 유명해졌을까? 그는 단지 머릿속에 흐르는 아이디어 하나로
조종이 가능한 로봇 팔을 발명해 냈다.

이스턴은 어릴 때 친구들처럼 트랜스포머를 굉장히 좋아했고, 로봇 팔을 갖고 있으면 멋질 거라고 생각했다. 열네 살 때, 그는 레고 블록, 낚싯줄, 컨트롤러를 사용해 소형 로봇 팔을 만들었다. 이때 이스턴이 이 작품을 선생님과 친구들에게 보여주었고, 상상을 초월한 수준에 모두들 놀라움을 금치 못했다.

그 뒤 이스턴은 자신이 만든 로봇 팔을 가지고 과학기술 박람회에 참가했고, 그곳에서 제니라는 소녀를 만났다. 한쪽 팔 없이 태어난 제니는 의수義手를 낀 채 이스턴의 로봇팔과 신나게 악수했다.

호기심을 느낀 이스턴은 제니의 부모님께 의수에 대해 질문했고, 척수 이식을 통해 의수를 제어한다는 사실을 알게 되었다. 그런데 이런 의수는 장착하기가 어렵고 감당하기 힘들 정도로 가격이 비싸며 소녀가 자라면서 의수를 계속 교체해야 하므로 경제적으로 큰 부담이 된다고 했다.

이때부터 이스턴은 과학기술의 발명이 상업적 이윤을 추구하는 수단이 되어서는 안 된다고 생각했고, 자신이 직접 의수를 만들어 제니와 같은 장애인을 돕고 싶다고 생각했다. 그때부터 이스턴은 아이디어를 실현시키기 위해 차고로 들어가 연구에 몰두했다.

이스턴은 누구보다 실행력이 뛰어났지만 불과 열네 살이었기 때문에 자동제어나 컴퓨터 프로그래밍을 접해본 적이 없었고, 의도대로 로봇 팔을 조종하는 마인드컨트롤 기술에 대해서도 전혀 알지 못했다. 그는 이렇게 말했다.

"5년 동안 수없이 많은 실험을 하면서 실패와 좌절을 겪었어요. 로봇 팔의 자동제어 장치, 마이크로프로세서, 전기 신호 등을 처음부터 공부해야 했죠."

그는 의수를 연구하는 동안 전문가에게 달려가 자문을 구하기도 했지만, 전문가들은 모두 그의 아이디어가 너무 비현실적이라고 생각했다. 특히 생각만으로 의수를 제어하는 것은 절대로 불가능하다고 생각했다.

전문가들의 부정적인 시각에도 이스턴은 자신감을 잃지 않고 공부와 연구를 병행했다. 그의 사전에는 불가능이나 포기 같은 단어는 없었다. 그 결과 이스턴은 5년 만에 자신의 아이디어를 현실화했다. 그가 만든 의수는 생각만으로 제어할 수 있고, 무척 가벼웠으며, 제조 원가를 500달러까지 낮춘 것이었다.

자신의 일에 대한 열정이 중요하다

—

이스턴의 성공 스토리를 들은 후 발명을 하려면 집에 차고가 있어야겠다고 생각할 수도 있을 테고, 먹고 살기 바빠 재능을 발휘하지 못한다고 말하는 사람도 있을 것이다. 혹은 나도 열네 살 때 과학자가 되고 싶었지만 공부를 너무 못해서 포기했다고 말하는 사람도 있을 것이다.

전부 쓸데없는 소리다. 집에 차고가 없으면 다른 장소를 이용하면 되고, 이스턴은 전문 지식이 전혀 없는 상태에서 연구를 시작했으니 공부를 못했다는 얘기는 핑계일 뿐이다.

천재가 왜 천재인가? 주변 여건에 제약을 받는 사람을 과연 천재라고 할 수 있을까? 우리는 모두 본래 무한한 가능성을 갖고 있으며, 본래 모두가 천재이다. 그런데 자의식의 제약을 받기 때문에 일정한 시기가 넘으면 대부분 평범하게 살게 된다.

만약 이스턴이 조금 노력하다가 자동제어, 컴퓨터 프로그래밍, 3D 프린팅을 모르니 의수를 만들 수 없다고 생각을 했다면 위대한 성과를 거둘 수 없었을 것이고 천재로 인정받지 못했을 것이다. 자아의식의 제약을 받지 않으면서 핑계 대지 않고 일에 몰두해야만 천재가 될 수 있다.

천재는 특정한 대상을 무조건적으로 좋아한다. 이스턴은 어릴 때부터 트랜스포머와 기계 종류를 무조건적으로 좋아했다. 그랬기 때문에 보상을 바라지 않고 전념할 수 있었다.

또한 혁신적인 의수를 발명한 후에도 특허를 출원해 이익을 추구하지 않고 핵심 데이터와 소스 코드를 모두 인터넷에 무상으로 공개했다. 이것이야말로 진정한 사랑이다. 만약 자아의식이 우리 마음속 높은 곳에 위치하고 일을 이용해 이를 실현하려 한다면 일에 대한 깊은 열정과 사랑이 생길 수 없다.

일에 대한 열정이 마음속에 가득할 때 일을 즐길 수 있고 자발적으로 일을 성공시킬 수 있다. 마치 우리가 의식적으로 일하는 것이 아니라 일 자체의 추진력이 작용하듯 자연스럽게 성과를 거둘 수 있다.

뉴턴이 먹고 자는 것을 포함해 모든 것을 잊고 결혼도 포기한 채 오로지 연구에만 전념하면서 이를 통해 무한한 행복을 느꼈듯이 말이다. 이런 상태에서 자신을 괴롭히는 고달픈 일들에 신경 쓸 겨를이 있었을까? 우리는 일에 전념할 때 잠재력을 최대한 발휘할 수 있으며 자신이 원하는 것을 지혜롭게 만들어 낼 수 있다.

chapter 23

두려움 때문에
할 수 있는 일을 못한다

자신의 일에 책임을 지려고 하지 않는다
—

샤오야小雅는 남자친구와 오랫동안 냉전 중이다. 샤오야는 이렇
게 말했다.

"서로 감정이 상한 채로 거의 한 달을 지냈는데, 어떻게 해야
할지 정말 모르겠어요. 이대로 가다간 진짜 미쳐버릴 것 같아요."

그녀와 남자친구는 만난 지 얼마 안 됐을 때부터 마음이 잘
맞았다. 그런데 사귄 지 두 달쯤 될 무렵에 갈등이 생겼다. 남자
친구가 창업을 해서 자금이 부족했고, 고심 끝에 용기를 내어
샤오야에게 돈을 빌려달라고 말했다.

외국계 기업에 근무하는 샤오야는 연봉이 높았고 금전적으로 여유가 있었지만 예전에 사귀었던 남자친구한테 사기를 당해 모아둔 돈을 전부 날린 경험이 있어서 돈 문제에 아주 민감했다. 게다가 남자친구와 사귄 지 두 달밖에 안 된 상태라 적당히 둘러대고 그의 부탁을 거절했다.

그녀는 자신이 좋아하는 남자친구에게 돈을 빌려주지 않은 것이 아무래도 마음에 걸렸다. 남자친구가 자신의 블로그를 볼 거라고 생각해서, 그날 저녁 블로그에 일기를 올렸다. 일기에서 이번 일을 간략히 언급하면서 남자친구에게 돈을 빌려주지 못한 이유를 설명했다. 샤오야는 남자친구가 일기를 읽은 후 돈을 빌려주지 못한 자신의 난처한 입장을 이해해 주기를 바랐다.

그런데 그날 이후 남자친구는 연락을 끊었고 메신저에서도 그녀의 연락처를 삭제했다. 샤오야는 남자친구가 갑자기 왜 이러는지 계속 생각했다. 자신이 돈을 빌려주지 않아서 남자친구를 못 믿는다고 생각하는 걸까?

아니면 그녀의 블로그를 본 친구들이 이 일을 알게 돼 자존심이 크게 상한 걸까? 샤오야는 자신에게 잘못이 없다고 생각해서 남자친구에게 먼저 연락하지는 않았다. 그렇게 한 달이 흘렀고 둘 사이의 거리는 점점 멀어져 갔다.

나는 그녀에게 블로그에 올린 일기를 당장 삭제하라고 조언했다. 내 말에 그녀는 이렇게 말했다.

"지금 일기를 삭제하면, 애초에 내가 일부러 이런 글을 올렸고 이제 목적을 달성했으니 삭제하는 거라고 오해하지 않을까요? 나는 남자친구에게 상처를 줄 의도가 전혀 없었고 상처가 될지 몰랐다는 의미로 글을 삭제하지 않고 놔두었어요. 지금 삭제하면 내가 남자친구한테 상처 주기 위해 고의로 글을 올렸다고 인정하는 꼴이 될 것 같아요."

나는 샤오야에게 이렇게 말해주었다.

"당신은 지금 자신의 행동을 정당화하려고만 할 뿐, 자신이 한 일에 대해 책임지지 않으려 하고 있어요. 당신만의 세계에서 자신의 행동을 그럴듯하게 포장해 봐야 아무 의미 없어요. 블로그에 올린 일기 때문에 남자친구가 상처받았을지도 모른다고 스스로 생각하고 있잖아요? 그런데도 왜 글을 삭제하지 않는 건가요? 글을 삭제해도 당신은 아무것도 잃을 게 없어요. 그런데 남자친구는 당신의 진정성과 책임감을 느낄 수 있을 거예요."

샤오야는 결국 그 일기를 삭제하기로 결정했다. 그녀는 일기를 삭제했는데도 남자친구가 돌아오지 않으면 너무 속상하고 괴로울 것 같다고 말했다.

나는 이렇게 조언해 주었다.

"남자친구와 다시 사이가 좋아지고 괴로움에서 벗어나고 싶다면, 남자친구에게 먼저 연락해 보세요. 진솔하게 대화하면서 둘 사이의 오해를 풀어야지 서로 자존심만 내세우는 건 아무 의미 없어요. 남자친구가 먼저 연락하기를 기다렸겠지만, 벌써 한 달이 지나도록 아무런 연락도 없었잖아요? 콧대 높은 자아의식을 내려놓고 진실한 모습을 발견해 보세요. 그러면 문제가 해결될 겁니다. 머리로 생각해 낸 것은 실제와 다르거든요. 기다림이 길어질수록 당신의 괴로움이 더 커질 거예요."

샤오야는 용기를 내 남자친구에게 연락했고, 그에게 상처를 줄 의도가 전혀 없었고 상처가 될 거라고 생각도 못 했다고 해명했다. 사실 남자친구도 샤오야와 다시 사이가 좋아지기를 기대하면서 다가갈 기회를 엿보고 있었다. 이 두 사람은 서로의 자존심 때문에 한 달을 괴롭게 지냈다.

우리는 행동해야 하며, 신속히 행동해야 한다

—

샤오야는 상처받을까 봐 두려워하는 자아의식 때문에 자신의 행동을 합리화했다. 자신에게는 잘못이 없는데 글을 삭제하면 잘못을 인정하는 게 아니냐고 말했다.

우리가 갈망하는 것이 인정받는 것이든 존중받는 것이든 사랑받는 것이든, 이 모든 것은 머릿속에서 일어나는 일이다. 우리가 열심히 생각하고 그럴듯하게 포장해 봤자 머릿속을 벗어나지 못한다. 관념 속에서 상상하는 것은 자기 소모적이며 자기 위안, 자기 긍정, 자기 희열을 얻으려는 행위다. 우리가 허구의 정체성을 유지하느라 많은 에너지를 소모한다면 무엇이 진실인지 발견하지 못할 것이다.

자신을 괴롭게 하는 일이 생기면 즉시 행동해 사실관계를 파악하고 적극적으로 해답을 찾아야 한다. 무언가를 기대하는 것은 모두 자기기만이다. 그 사안에 대한 추측이 꼬리에 꼬리를 물고 이어지다 머릿속에 가득 찰 때가 되어서야 행동하지 말고, 추측의 싹을 잘라 없애버려야 한다.

우리는 행동해야만 진정한 답을 알 수 있다. 콧대 높은 자아의식은 마음의 문을 지키는 수문장처럼 남들도 못 들어오게 막고 나 자신도 나가지 못하게 막는다. 그리고 우리의 손과 발을 묶어 곤경에 빠뜨리고, 괴롭고 고통스럽게 만든다. 다른 사람에 대한 기대를 내려놓을 때 우리는 자아의식을 내려놓고 자기 자신을 완성시킬 수 있다.

인간은 그렇게 연약하지 않다. 마음속 두려움이 우리를 약하게 만들 뿐이다. 우리가 두려움을 느끼는 대상은 대부분 스스로 허황되게 만들어진 것이며, 실제로 발생하지 않은 일들이다.

능동적 삶의 주체인 자기 자신을 과소평가할 때 두려움이 생기며, 두려움은 자신을 신뢰할 수 없도록 만든다. 우리가 진실을 마주할 때 마음이 오히려 담담해진다.

문제의 해결방안을 찾지 않고 자신의 의견에 지나치게 집착할 때 우리는 불만족을 느낀다. 자신의 의견이나 남의 의견은 모두 정답이 될 수 없다. 진정한 해답은 사람에게서 나오지 않는다. 우리가 집착하는 자아의식을 내려놓아야만 모든 것을 경험할 수 있다. 미국 루스벨트Franklin Roosevelt 대통령은 이런 명언을 남겼다.

"탁상공론은 아무 도움이 되지 않는다. 우리는 행동해야 하며, 신속히 행동해야 한다."

정말 맞는 말이다! 반드시 행동해야 한다. 그렇지 않으면 우리 인생의 어제와 오늘과 내일이 모두 동일할 것이다.

chapter 24

시도하고 경험해야
삶이 달라진다

그가 실제로 행동했더라면

—

한 남학생이 정류장에서 예쁜 여학생과 마주쳤다. 두 사람은 잠시 시선을 교환하다 서로 호감이 있음을 눈치챘지만, 문제는 말을 걸 용기가 없었다.

여학생은 내심 남학생이 다가와 말을 걸어주길 기대하고 있었는데, 남학생이 그냥 가버리자 무척 아쉬워했다. 두 사람은 이런 식으로 세 번을 마주쳤지만 남학생은 번번이 입을 열지 못했다. 그때마다 머릿속으로 여학생에게 거절당하는 장면을 상상했기 때문이다.

여학생과 세 번 마주치는 동안, 남학생은 줄곧 자신의 머릿속 상상에서 벗어나지 못했다. 남학생은 원래 그런 사람이었다. 자신이 원하는 일을 머릿속으로 상상만 하다 포기해 버리곤 했다.

　　당신이 이런 상황이라면, 어떻게 할지 한번 생각해 보라. 고민만 하다 마음에 드는 이성에게 말을 걸 기회를 놓쳐버릴 것인가? 아니면 용기를 내어 말을 할 것인가?

　　당신이 그 남학생이라면 결과를 상관하지 말고 여학생과 마주친 순간 당당히 다가가서 말을 걸어야 한다. 마음속의 진정한 니즈를 마주하는 순간, 가장 가치 있고 의미 있는 일은 바로 자신이 바라보는 대상을 온전히 경험하는 것이다.

　　모든 일은 바로 이 순간에 일어난다. 이 순간 우리는 많은 것을 할 수 있고, 많은 것을 느낄 수 있다. 자신의 고정관념 속에 빠져 있으면 아무것도 얻지 못한다. 그런 관념은 우리의 감각과 행동을 단단히 제약할 뿐이다.

　　만약 남학생이 실제로 행동을 했다면, 최악의 결과는 여학생에게 거절을 당하는 것뿐이다. 이는 결과를 직접 체험했다는 뜻으로 앞으로의 행동에 큰 교훈을 주는 경험으로 남을 것이다.

　　현재 자신이 바라보는 대상을 온전히 경험하고 매 순간 삶의 진실을 발견하려고 노력하면, 자신과 현실이 조화를 이루면서 비로소 진실이 무엇인지 알게 될 것이고 자아의식의 농락에서 벗어날 수 있다.

시도하고 경험해야 삶이 달라질 수 있다
—

지금까지의 설명을 듣고 현재 자신이 바라보는 대상을 온전히 경험하는 것이 얼마나 중요한지 깨달았을 수도 있고, 자신이 도 대체 뭘 어떻게 해야 하는지 여전히 고민될 수도 있다.

우리가 어떤 일을 해야겠다고 확실히 결정하면 최대한 몰두 해서 진정성 있게 일해보자. 우리가 어떤 이성을 좋아하면 상대 의 마음을 얻을 때까지, 혹은 상대가 자신을 떠나갈 때까지 충 분히 아끼고 사랑해 보자. 자신이 싫어하는 음식이 앞에 있다면 관념 속에서 맛을 상상하지 말고 입속에 넣고 본연의 맛을 느껴 보자.

현재 바라보고 있는 대상에 집중하고 온전히 경험하면서 진 실을 파악하는 것이야말로 지금 우리가 해야 할 가장 가치 있고 가장 의미 있는 일이다.

신경학자들은 우리가 새로운 시도나 경험을 할 때마다 뇌에 흔적을 남긴다는 사실을 발견했다. 새로운 경험을 하면 우리 뇌의 신경세포에서 수상돌기가 생기고, 새로운 수상돌기는 뉴런을 서로 연결한다. 만약 특정한 뉴런이 지속적으로 자극을 받으면 연결이 안정화되고 새로운 신경회로가 만들어지며 이를 통해 정보가 빠르게 전달된다.

　독일 콘스탄츠Konstanz 대학의 신경학자는 바이올리니스트의 뇌를 음악과 관련이 없는 일을 하는 일반인의 뇌와 비교해 보았다. 바이올리니스트는 왼손 네 손가락으로 현을 누르고 오른손으로 활을 켜기 때문에, 오른손에 비해 왼손의 움직임이 훨씬 복잡하다.

　신경학자의 연구에 따르면 오른손을 관장하는 뇌 영역에서는 바이올리니스트와 일반인 사이에 뚜렷한 차이가 없었다. 그런데 왼손을 관장하는 뇌 영역의 경우, 바이올리니스트의 뇌 영역 크기가 일반인보다 5배나 더 컸다. 이를 통해 어떤 일을 반복적으로 경험하면 뇌에 근본적인 변화가 생긴다는 사실을 알 수 있었다.

　시도하지 않으면 우리 뇌에서 새로운 신경회로가 만들어지지 않을 것이고, 반복해서 경험하지 않으면 우리 뇌에 변화가 생기지 않는다는 것이다. 우리의 삶도 마찬가지다. 우리가 할 수 있는 만큼 최대한 이 세계를 경험하고 관계를 맺어야 한다. 시도하고 경험해야만 삶이 달라질 수 있다.

chapter 25

링컨의 어머니가
가르쳐 준 것

링컨의 어머니가 가르쳐 준 이야기

—

"전임 대통령 두 분도 노예제를 폐지하려고 했지만 실패했는데, 대통령께서는 어떻게 폐지하려고 합니까?"

한 기자가 링컨에게 물었다. 그러자 링컨은 어릴 적 자신에게 큰 영향을 주었던 일화를 소개했다. 링컨의 아버지는 링컨이 어릴 때 시애틀에 있는 농장을 샀다. 농장에 큰 돌이 많아 경작하기 어려웠기 때문에 비교적 저렴하게 구입할 수 있었다. 링컨의 어머니는 돌 때문에 농사짓기 힘드니 돌을 골라내자고 말했다. 이 말에 아버지는 이렇게 대답했다.

"저게 그냥 돌이 아니고 거대한 암석처럼 다 연결돼 있을 거야. 자갈처럼 쉽게 골라낼 수 있는 거라면 전 주인이 그렇게 싸게 팔았을 리가 없지."

어느 날 링컨의 아버지는 말을 사러 도시로 나갔고, 어머니와 아이들은 농장에서 일을 하고 있었다. 어머니가 아이들에게 말했다.

"우리 함께 이 돌들을 치워보는 게 어때?"

그래서 모두 함께 돌을 하나하나 파내기 시작했고, 몇 시간 만에 돌을 전부 제거할 수 있었다. 그것은 아버지가 예상한 것처럼 거대한 암석이 아니었고, 그냥 각각의 돌멩이여서 땅을 조금 파내면 쉽게 꺼낼 수 있었다. 링컨은 이렇게 말했다.

"어떤 일을 하지 못하는 이유는 그 사람 스스로가 불가능하다고 생각하기 때문입니다. 그러나 불가능이란 상상 속에만 존재할 뿐입니다."

우리가 어떤 일을 시도조차 하지 않는 이유는 과거의 경험을 바탕으로 머릿속에서 결론을 내리고 종결시키기 때문이다. 링컨의 아버지는 과거의 경험에 얽매여, 자신의 농장에 있는 돌들이 쉽게 제거될 수 있다면 전 주인이 오래전에 제거했을 거라고 생각했다. 이렇게 단순한 생각이 돌을 제거하려는 행동을 제약했다.

링컨의 어머니는 농장의 돌을 제거하려고 시도했고, 그 과정에서 돌의 진실을 발견했다. 반면에 링컨의 아버지는 현재 농장에 있는 돌을 보지 않고 관념 속의 돌과 과거 경험 속의 돌을 보았다.

같은 강물에 발을 두 번 담글 수 없다

—

감정에 대한 인식도 마찬가지다. 앞으로의 감정은 과거의 경험과 유사할 수도 있지만 어쩌면 더 격렬할 수도 있고, 어쩌면 더 순수할 수도 있으며, 어쩌면 더 열정적일 수도 있고 어쩌면 더 담백할 수도 있다. 지금까지 우리가 경험한 감정은 전체 세계의 일부에 불과하다. 그리스의 철학자 헤라클레이토스Heracleitos는 이런 명언을 남겼다.

"사람은 같은 강물에 발을 두 번 담글 수 없다."

강물은 끊임없이 흐른다. 처음에 발을 담갔던 강물은 이미 떠내려갔기 때문에 두 번째 발을 담그는 강물은 새로운 강물이다. 그러므로 같은 강물에 발을 두 번 담글 수 없다.

이 세상의 풀 한 포기, 나무 한 그루, 돌 한 개, 사람 한 명……, 하나하나 제각각 다른 존재다. 우리가 과거의 경험 속에서만 살아간다면 삶의 다채로움을 경험할 수 있는 너무나 많은 기회를 잃게 될 것이다.

우리의 머릿속에는 주위 사람이나 자신이 직접 사물을 접한 경험이 저장되어 있다. 우리는 과거의 경험을 바탕으로 사랑은 이런 것, 성공은 이런 것, 인생은 이런 것이라고 생각하고, 과거의 경험 덕분에 대상을 쉽고 빠르게 인지할 수 있다고 생각한다. 하지만 과거의 경험으로 인해 우리에게 편견과 고정관념이 생기면 대상을 완전히 새롭게 인식하지 못한다.

뇌과학자들은 우리의 뇌가 두 가지 방식으로 대상을 인식한다고 말한다. 과거의 경험에 의존해 현재의 대상을 인식할 수도 있고, 지금 눈앞에 있는 대상을 온전히 느끼고 체험함으로써 인식할 수도 있다.

우리가 과거의 경험에 의존해서 현재의 대상을 인식하고 판단하면 과거에 얽매여 눈앞의 대상을 온전히 느낄 수 없다. 과거의 경험은 세계의 다양한 측면과 시시각각 변하는 모습을 온전히 느끼지 못하게 방해한다. 그 결과 우리 인생에서 생기와 활력이 사라지고, 우리는 아무런 변화도 없이 정해진 대로 무미

건조한 인생을 살 수밖에 없다.

　과거의 경험에 의존한 삶은 고인 물과 같아서 금세 혼탁해지고 악취가 나다가 생기를 잃고 말라버린다. 우리는 과거 경험의 속박에서 벗어나서 눈앞의 대상을 온전히 느끼고 현실 세계를 직시하며 자신의 역량을 최대한 발휘하도록 노력해야 한다.

시행착오가
우리를 성공하게 한다

그들이 행동하지 못하는 이유
—

사람들이 행동하지 못하는 이유는 실패를 두려워하기 때문이다. 우리에게는 실수를 하거나 잘못을 저지르면 사람들로부터 나약한 인간이라며 손가락질 당할 거라는 인식이 뿌리 깊이 박혀 있다. 그래서 실수를 저지르면 절대 안 된다고 자신을 다독여 왔을 것이다.

그 결과 우리는 실수를 피하는 법만 배웠을 뿐, 실수를 긍정적으로 인식하는 법을 배우지 못했다. 실패의 관문을 제대로 돌파하지 못하면 적극적으로 행동하고 시도하기가 어렵다. 성공하고 싶다면 우리는 시간을 갖고 실수라는 문제를 깊이 생각해 봐야 한다.

나는 전작인 《중독成癮》에서 '시간차'에 대한 개념을 말했었다. 시간차는 특정 시간대에서 다음 시간대 사이에 발생하는 가치의 변화를 의미한다.

당신이 성공에 가까워지는 행동을 한 번 하면 그 행동으로 인해 가치는 더 커진다. 성공하고 보상받기 위해서는 자신의 과거 상황보다 현재 상황의 가치가 더 커야 한다. 또한 목표를 향해 한 걸음을 내디디면 성공에 더 가까워졌기 때문에 그 한 걸음에 대한 가치가 커진다.

사람들은 학습을 통해 무엇이 가치 있고, 무엇이 가치 없는지를 알고 있다. 이때 시간차 개념이 사물을 획득하는 방법이 된다. 예를 들어 자신이 뚱뚱하다고 생각해 날씬한 몸을 갈망한다면, 이는 날씬한 몸이 건강하고 가치 있다는 것을 알고 있기 때문이다. 그렇다면 어떻게 해야 날씬해질 수 있을까? 그것은 시간차 학습을 통해 가능하다.

당신이 다이어트 약품 광고를 본 후 광고에 현혹되어 그 약을 먹으면 날씬해질 수 있을 거라고 생각했다. 이때 뇌에서 도파민이 다량 분비되면서 구매 욕구를 부추긴다. 그런데 다이어트 약을 며칠 먹어도 아무 효과가 없다면, 이때 다이어트 약을 구매한 것이 실패한 선택임을 깨닫게 된다.

하지만 이 실패가 전혀 쓸모없는 것은 아니다. 뇌가 다른 솔루션을 선택해야 한다고 알려주기 때문이다. 이번 실패를 통해 당신은 수많은 다이어트 방법 중 효과 없는 방법 하나를 제거할 수 있었으며, 이는 다이어트 방법에 한 걸음 더 가까이 다가갔음을 의미한다.

잘못된 방법을 제외했으니 이제 당신은 다른 약물, 또는 다른 다이어트 제품을 시도해 볼 수 있다. 결국 우리는 잘못된 선택을 경험한 후 현재의 행동이 과거보다 더 가치 있어졌다고 생각하게 된다.

인생에서 사람들이 목표를 추구할 때 늘 '착오→실패→착오 →실패→착오→마침내 성공→목표 달성'의 패턴을 밟는다. 이렇게 목표를 달성할 때마다 여러 번의 착오를 겪게 되는 것은 우리의 뇌가 그런 방식으로 작동하는 것이다. 뇌가 험난한 과정을 거치면서 현실에 적응하게 되면 목표를 달성할 수 있다고 보면 된다.

예를 들어 테이블 위에 있는 컵을 들고 싶다면, 컵을 들고 싶다고 생각하게 된 이후 일련의 예측 과정이 이어진다. 당신의 손이 정확하고 안정적으로 컵을 들기 전에 두뇌에서 수백만 개의 예측 신호를 보낸다.

　당신이 손을 뻗는 순간부터 대뇌는 예측하기 시작한다. '조금 앞으로→좀 더 앞으로→약간 왼쪽으로→약간 오른쪽으로→조금 아래로→손가락을 좀 더 펴고→좀 더 세게 쥐고→아니 방금 전보다 조금 약하게 쥐고→마침내 OK!'라는 과정을 통해 컵을 드는 데 성공한다.

　이후 당신은 컵을 든 채 가만히 있지는 않을 것이다. 컵에 든 물을 한 모금 마시고 싶다, 또는 한 모금 더 마시고 싶다 같은 새로운 생각이 계속 들 것이다. 이에 따라 대뇌는 예측하면서 끊임없이 명령을 내릴 것이고, 뇌의 명령이 행동으로 나타날 것이다.

　만약 목적을 달성하지 못하면 대뇌는 실제 결과를 바탕으로 해석을 할 것이다. 예를 들어 너무 오른쪽으로 치우쳤다, 너무 아래로 갔다 등 목적을 달성하지 못한 이유를 분석하고 해석할 것이다. 그러고 나서 뇌는 해석 결과를 기반으로 새롭게 예측하며 명령을 내릴 것이고, 이에 따른 행동이 수반될 것이다.

　그러므로 우리는 끊임없이 생각하고, 예측하고, 실패한다고 말할 수 있다. 또한 매번 목표를 달성하고 동작을 완성하기 위해서 무수하게 실패를 경험한다고 말할 수 있다. 이렇듯 실패는 늘 우리와 함께 있는데, 우리는 실패의 존재를 용납하지 않는다. 이것은 무엇을 의미할까?

시행착오를 통해 성공 패턴을 배운다

—

미국의 심리학자 에드워드 손다이크Edward Thorndike는 고양이를 상대로 실험을 실시했다. 특수 스위치가 장착된 상자를 준비하고, 배고픈 고양이 한 마리를 상자에 넣은 후 상자 바깥쪽에 고양이가 좋아하는 음식을 둔다. 상자 밖의 음식을 본 고양이는 이를 먹기 위해 마구 뛰거나 부딪히면서 탈출을 시도한다.

고양이가 끊임없이 탈출을 시도하다 우연히 스위치를 건드렸고, 상자 문이 열리자 밖으로 나가 음식을 먹었다. 실험이 반복될수록 뛰거나 부딪히는 고양이의 행동이 점점 줄어들었다.

마지막 실험에서는 고양이가 상자에 들어가자마자 스위치를 건드려 곧바로 탈출해 음식을 먹었다. 손다이크는 동물의 학습 과정이 끊임없는 시행착오를 거치다가 마침내 성공하는 점진적인 과정이라고 주장했다.

후에 손다이크는 '행동의 시행착오설'을 발표하며, 학습은 맹목적이지만 점진적인 학습을 시도하면서 착오를 수정하는 과정이라고 주장했다. 연습이 증가할수록 잘못된 반응이 점차 줄어들면서 올바른 반응이 나타나게 된다. 그 결과 자극과 반응이 견고하게 연결된다.

아무런 지침 없이 학습을 시도할 때, 사람들은 대부분 첫 번째 시도에서 성공하지 못한다. 그러므로 인간이 학습할 때 1차 시도, 1차 착오, 2차 시도, 2차 착오와 같은 과정이 필연적인 여러 착오를 겪어야 비로소 성공할 수 있다.

살면서 우리가 할 수 있는 모든 일은 이렇게 끊임없는 시행착오를 거쳐 완성된다. 시행착오가 없다면 우리는 아무것도 할 수 없다. 당신이 시도하지 않으면 실패하지 않고, 실패하지 않으면 배울 수 없으며, 배우지 못하면 발전할 수 없다.

인간의 생존에 있어 실수와 실패는 결정적인 역할을 한다. 이토록 유익한 행위에 대해 우리는 매우 부정적인 태도를 취하고 있다. 이는 달리 말해서 실수와 실패를 긍정하고 디딤돌로 삼는 사람은 남보다 더 빨리 성공의 관문을 통과하게 된다는 뜻이 아닐까?

chapter 26

이번 실패로
얻은 것은 무엇인가?

실패가 끝이 아니기에

—

미국의 한 다이아몬드 회사는 창업 초기에 연이은 지질 탐사 실패로 오랫동안 다이아몬드를 찾지 못했다. 몇 년 후 회사가 재정 악화로 파산을 선언하려고 할 때, 이 회사는 세계 최대 규모의 니켈 광산을 발견했다.

비록 다이아몬드 채굴에는 실패했지만, 니켈은 배터리에 없어서는 안 될 대표 소재이고, 주화의 원료가 되는 데다 합금이나 도금을 하는 데 필수 소재여서 사업성이 무궁무진한 광물이었다.

수년 동안 다이아몬드 개발에 실패하고 파산 직전까지 몰렸던 이 회사는 니켈의 발견으로 일약 돈방석에 앉게 되었지만, 일찍 실패에 무릎을 꿇었다면 그런 성공도 없었을 것이다.

리바이 스트라우스Levi Strauss는 19세기 캘리포니아 지역에 금광이 발견되어 사람들이 몰려든 골드러시 시절에 자신도 금을 채굴해 부자가 되려고 했지만, 계속된 실패 끝에 새로운 비즈니스 기회를 찾으려 했다.

그러다 광부들이 광산에 들어갈 때 입는 바지가 너무 허접하다는 데 착안해서 캔버스 천을 이용해 작업을 하는 데 적합한 청바지를 만들어 대성공을 거두었다. 이후 리바이스 브랜드의 청바지는 세계적으로 유명해졌다.

당초 일을 시작할 때의 관점에서 보면 그는 실패했다. 하지만 그의 연이은 실패는 결국 어마어마한 가치를 지니며 엄청난 부를 창출했다. 실수를 두려워하면 용감하게 시도하거나 용감하게 전진할 수 없다는 것을 그의 성공 스토리에서 배우게 된다.

실패를 했을 때는 문제점을 정확히 직시해야만 문제를 해결할 수 있다. 많은 사람이 책임을 인정하고 교훈을 얻는 것을 두려워하기 때문에 같은 문제가 계속 되풀이된다. 문제를 두려워할수록 문제가 당신을 붙들고 놓아주지 않기 때문이다.

성공하고 싶다면 실패에 대해 긍정적이고도 태연한 자세를 지녀야 한다. 실패에 흔들리지 말아야 한다는 뜻이다. 실패를 회피하면 성공하기 어렵다. 실패를 용인해야만 실패를 통해 적극적으로 배우고 이를 활용할 수 있다.

성공이 성공일 수 있는 이유

—

세기의 경영인으로 불리는 잭 웰치Jack Welch가 젊은 시절 제너럴 일렉트릭GE, General Electric Company에서 신규 플라스틱 개발 프로젝트를 담당할 때의 일이다. 프로젝트를 본격적으로 추진하던 중 실험 장비가 폭발하는 사고가 발생했다. 이 사고로 300만 달러가 넘는 실험 장비와 건물이 전소했다.

잭 웰치는 폭발로 쑥대밭이 된 현장을 보며 낙담했다. 이 폭발로 자신의 미래가 완전히 없어질 거라고 생각할 정도였다. 그는 극도로 불안해하며 본사에서 파견 나온 조사관과 이야기를 나눴다. 조사관은 가장 먼저 이렇게 질문했다.

"이 사고를 통해 우리가 얻은 게 있습니까?"

잭 웰치는 예상치 못한 질문에 놀라며 이렇게 대답했다.

"이번 실험 방법이 통용될 수 없다는 사실을 발견했습니다."

조사관은 잠시 생각하다가 이렇게 말했다.

"좋습니다. 사고를 통해 우리가 아무것도 얻지 못한 건 아니네요."

막대한 손실을 입힌 대형 사고가 이렇게 마무리되었다. 그리고 잭 웰치는 20년간 기업의 고속성장을 이끌었고 세계에서 가장 존경받는 CEO가 되었다.

미국의 대기업들은 실패를 두려워하지 않는 것을 중요한 '기업가 정신'으로 삼는다. 이들은 수익성을 높일 새로운 방식을 모색하기 위해서는 실수와 실패를 용납해야 한다고 주장했다.

세계적인 기업가들 중에는 아예 '실패'라는 단어를 사용하지 않는 사람이 많다. 이들은 스키나 스케이트를 타듯이 넘어지면 일어나면 되고, 그런 가운데 노하우를 터득하고 계속해나가면 된다고 생각했다. 성공이 성공일 수 있는 이유는 실패에 좌우되지 않았기 때문이다.

chapter 28

상실의 고통은
삶의 선물이다

실연을 당한다는 것의 교훈

—

어릴 적에 외삼촌이 봄마다 과수원에서 가지치기하는 걸 보았다. 당시 가지치기가 뭔지 몰랐던 나는 저렇게 나무를 자르면 나무가 죽지 않을까 걱정이 되어 조바심이 났다. 힘들게 자라난 가지를 뚝뚝 잘라내는 모습을 계속 보고 있을 수 없어서 외삼촌에게 물었다.

"나뭇가지를 왜 잘라내는 거예요?"

외삼촌은 이렇게 대답해 주었다.

"이 가지들을 잘라내지 않으면 사과가 더 많이 열리겠지만,

작고 맛없는 사과가 열린단다. 그런데 나뭇가지를 잘라내면 크고 달콤한 사과가 열리는 거야. 그리고 사과가 더 오랫동안 열릴 수 있어. 제멋대로 자란 가지를 그냥 놔두면 3~5년 후부터 나뭇가지가 서서히 죽기 시작해서 몇 년 후면 사과나무가 완전히 죽게 된단다."

나는 외삼촌의 말을 듣고 나서 상실이 또 다른 의미의 성장임을 깨달았다. 사실 우리는 상실의 고통을 경험한 후에 더 나은 방향으로 성장하고, 더 나은 삶을 살 수 있게 될 때가 많다.

때로는 신체적 결함조차 완전히 나쁘기만 한 것은 아니다. 한 내과의사가 수년간의 임상 경험을 통해 기적적인 현상을 발견했다. 심장판막증 환자의 심장은 심장의 결함에 열심히 대처하려는 듯 크기가 더 커졌다.

한쪽 신장을 절제한 사람의 경우 남아 있는 신장의 생명력이 강해지기도 한다. 한쪽 눈이 시력을 완전히 잃었거나 폐의 일부를 절제한 경우에도 남아 있는 기관의 생명력이 강해진다. 신체와 마찬가지로 우리의 심리도 이러한 기능을 갖고 있다.

사랑하던 연인으로부터 실연을 당하는 것도 살면서 우리가 받는 선물 중 하나라고 생각한다. 많은 사람들이 실연이 버림받고 기만당하고 부정당하는 거라고 생각하지만, 사실은 실연을 통해 자기 자신을 인식하고 다른 사람을 인식하게 되는 시간을 만나게 된다.

이것이야말로 실연의 가장 중요한 가치이다. 실연의 경험이 없는 사람은 상대를 어떻게 대해야 하는지 모르거나, 자신이 진정으로 사랑하는 사람을 찾지 못할 수도 있다. 또 상실이 어떤 의미인지, 사랑하는 사람을 어떻게 존중해야 하는지 모를 수도 있다.

우리가 보는 실연은 배신, 부정, 포기, 기만, 위선 등으로 한 겹 한 겹 포장한 후 상실이라는 리본을 달아 우리에게 배달되는 고통이다. 그런데 우리가 이 선물의 포장을 한 겹 한 겹 벗겨내면 자신의 책임감 결여를 보게 되고, 마지막으로 견고하게 포장되어 있던 성장을 보게 된다.

상실의 진정한 의미를 이해한다면
—

친구가 교통사고로 왼쪽 다리가 골절되어 입원해 있어서 몇몇 친구와 함께 병문안을 갔다. 친구는 조금 야위었을 뿐 활기가 넘치고 기분도 좋아 보였다. 마치 복권이라도 당첨된 듯, 그의 언행에는 보기 드문 기쁨이 배어 있어 교통사고를 당한 사람이라고 조금도 느껴지지 않았다.

친구는 사고가 발생했던 순간의 경험을 우리에게 이야기해주었다. 사고가 일어나자 내 인생이 이렇게 끝나는 건가 하는 생각이 뇌리를 스치면서 아직 하지 못한 많은 일이 떠올랐다.

만약 살아날 수 있다면 그동안 용기가 없어서 하지 못했던 일들을 반드시 해야겠다고 생각했고, 가족들과 함께 있는 시간을 더 많이 만들어 부모님, 아내, 아이들에게 더 잘해줘야겠다고 생각했다. 그래서 친구는 지금 아무런 망설임 없이 자신이 하고 싶은 일과 해야 하는 일을 하고 있다.

친구는 교통사고에서 간신히 살아났는데 사고 덕분에 삶의 질을 향상시킬 기회를 얻었고, 완전히 새로운 시각으로 자신의 인생을 바라보게 되었다.

퇴원 후에도 다리가 불편하겠지만 교통사고의 순간과 비교하면 이 정도 고통은 아무것도 아니다. 교통사고 이후에도 자신의 인생을 새롭게 인식하지 못했다면 신체의 고통이 친구를 괴롭혔을 것이다. 계속 과거의 방식대로 생활하고 계속 위험하게 운전했을지 모른다. 그러다 또 교통사고가 일어났을 때 이번 같은 행운이 다시 찾아올지는 알 수 없다.

인생의 좌절과 고통에 더 많이 직면할수록 해결책을 더 빨리 찾을 수 있다. 그러면 우리의 마음은 더욱 자유로워지고 우리의 역량은 더욱 강해질 것이다. 모든 고통에는 성장이라는 출구가 있어서, 이를 통해 새롭게 시작할 수 있다.

우리가 고통스러운 이유는 성장을 거부하기 때문이다. 사람들이 어리석고 의미 없는 인생을 사는 이유는 상실을 경험하지 못했기 때문이다. 다시 말해 사랑을 잃어본 적 없고, 건강을 잃어본 적 없고, 돈을 잃어본 적 없고, 먹을 게 없었던 적이 없거나 혹은 상실을 경험했지만 그 의미를 이해하지 못했기 때문이다.

우리가 상실의 진정한 의미를 이해하면 더 크게 성장할 수 있고, 인생을 더 잘 사는 방법을 배울 수 있다. 좌절과 고통을 겪었을 때 우리는 무엇을 했는지, 과연 뜻이 있는 사람의 모습이었는지 각자 한번 생각해 보자.

수년간 네티즌과 소통하면서 발견한 것이 있다. 많은 사람이 변화하지 못하고 성장하지 못하는 근본적인 이유는 상실이나 극심한 고통을 경험하지 못했기 때문이다. 그러므로 진정으로 성장하고 싶다면 상실과 고통을 체험해 봐야 한다. 상실, 실패, 실수라는 관문을 넘어서지 못하는 사람은 크게 발전하지 못한다는 사실을 명심하자.

당신은
이미 충분히 뛰어나다

chapter 29

지식이 아니라
지혜가 필요한 이유

전문가들이 실수하는 이유

—

사람들은 자아의 감정이 지배하는 삶을 살아가고 있다. 그래서 우리가 보았다, 보고 이해했다, 보고 깨달았다고 말할 때는 자아의식을 보았고, 정형화된 모델을 보았으며, 그 모델 속에 대상을 집어넣은 것일 뿐 사물 자체를 진정으로 보고 이해하지 못한 경우가 많다.

많은 사람이 지식과 경험을 기반으로 사물을 바라본다. 나는 이런 사실을 재능 있는 사람을 발굴하는 프로그램의 영상 속에서 다시금 발견했다. 한 여성 참가자가 무대에 올라 백발의 심사위원 얼굴을 빠르게 그리다가 그림을 점점 엉망으로 만들었다. 그림의 윗부분은 무엇을 그린 건지 알아볼 수 있었지만, 아래로 갈수록 무슨 그림인지 이해할 수가 없었고 아이들의 낙서처럼 엉망이 되고 말았다.

이때 네 명의 심사위원 중 두 명이 불합격 버튼을 눌렀고, 그중 한 명은 참가자를 아예 멸시하는 듯한 태도를 보였다. 그 심사위원은 참가자가 백발의 심사위원을 일부러 추하게 그린다고 생각하는 것 같았다.

마지막으로 백발의 심사위원까지 불합격 버튼을 눌러서 참가자는 심사위원 모두로부터 불합격 판정을 받았다. 이때 참가자의 그림이 거의 완성되었다. 참가자는 갑자기 그림을 거꾸로 뒤집은 후 그림 위에 백색 분말을 뿌렸다.

그 광경을 보고 모두 깜짝 놀랐다. 처음 그렸던 백발의 심사위원이 사라지고, 구레나룻 수염의 다른 심사위원 초상화가 나타났기 때문이다. 참가자의 의도를 모른 채 불합격 버튼을 눌렀던 심사위원들은 모두 놀라면서 당혹스러워했다.

이 영상을 본 네티즌들은 심사위원들이 너무 독선적이고 경솔했다고 비난했다. 사실 심사위원의 평가에 대해 이렇게 분노하는 이유는 우리가 일반적으로 심사위원을 과대평가하기 때문이다.

우리는 심사위원이 권위 있는 전문가이므로 식견이 뛰어나고 대상을 함부로 속단하지 않을 거라고 생각한다. 우리는 전문가와 권위자라는 이미지에 감정을 부여해서 이들은 모든 것을 이해하는 전문가라고 생각한다.

사실 대부분의 전문가는 특정 분야에서 일반인보다 좀 더 많은 지식을 쌓았을 뿐, 이들이 모든 것을 섭렵하여 깊이 있는 지혜를 가지고 있는 것은 아니다. 지식과 지혜는 다르므로, 지식이 있다고 해서 세상을 진정으로 바라보고 이해할 수 있는 건 아니다.

지혜의 눈으로 세상을 보자

―

지식과 경험을 기반으로 세계를 바라볼 때, 우리가 보는 것은 무엇일까? 우리가 보는 것은 사실 자체가 아니라 자아의식과 정형화된 모델이다. 영상에서 심사위원들은 참가자가 무엇을 그리는지 알고 있다고 생각했고, 참가자의 행동이 무슨 의미인지 안다고 생각했기 때문에 일찌감치 불합격 버튼을 눌렀다.

심사위원들은 참가자의 그림이 아름답지 않고 수준 미달이며 엉망이라고 생각했다. 이들의 경험상 아름답지 않은 것은 예술이라 할 수 없다. 이는 심사위원들이 자신의 경험과 지식을 바탕으로 인식하고 판단한 것이다.

우리는 자아감정 속에 살고 있기 때문에 사물을 바라볼 때 진정한 사물 자체를 보지 못하고 머릿속에 저장된 경험과 지식을 본다. 그리고 그 속에서 유사한 사물을 발견하면 은근히 기뻐한다.

우리는 '이거 잘 알아, 이거 충분히 깨달았어, 이거 완전히 이해했어'라고 스스로 생각한다. 영상 속 심사위원들은 엉망이 된 그림을 보았을 때 참가자의 그림 실력이 형편없다고 생각했고, 이것은 그림도 아니고 예술도 아니라고 생각했고, 참가자가 악의적이고 제멋대로 행동한다고 생각했다. 하지만 그들 심사위원뿐만 아니라 우리 모두 이런 방식으로 세상을 바라보고 남들을 평가하는 것은 아닐까?

우리는 자아감정 모델 속에 살면서 자아의식이 원하는 대로의 은근한 기쁨을 얻으려 하기 때문에, 새로운 사물을 발견하지 못한다. 그렇다면 어떻게 해야 진정으로 세상을 볼 수 있을까?

답은 '그냥 가서 보면 된다'이다. 대상을 정의하고 평가하려고 하지 말고 순수하게 보는 행위를 하면 된다. 정의하고 평가하려고 할 때 자아의식이 개입되고, 자아의식이 개입되면 우리가 사물을 보는 목적이 달라진다.

　우리는 사물 자체를 목적으로 하지 않고, 은근한 기쁨이나 통제력 등 자아의식이 원하는 것을 목적으로 한다. 이때 우리는 자아의식만 볼 뿐 사실을 보지 못한다.

　자아의식은 지식이 축적된 것으로, 지식을 기반으로 보는 것에는 한계가 있다. 지혜를 가지고 바라봐야만 진정한 가치를 발견하고 창출할 수 있다. 지혜가 없으면 지식을 아무리 많이 쌓아도 한계가 있다. 지혜가 있어야만 지식을 무한대로 활용할 수 있다. 우리는 지식이 아니라 지혜가 필요하다.

chapter 30

갈등을 끝내는
최고의 행동

복수한다는 것

—

제83회 아카데미 영화제에서 덴마크 영화 〈인 어 베러 월드In a
Better World〉가 국제 장편영화상을 수상했다. 폭력에 맞서는 인간
의 복수와 용서에 관한 이야기를 담은 이 영화에서, 주인공 안
톤은 의사로 수단 난민촌에서 의료 봉사 활동을 한다.

그에게는 두 아들이 있는데 별거 중인 아내와 각각 아들 한
명씩을 나눠 키우고 있다. 안톤이 덴마크 집으로 잠시 돌아온
어느 날 큰아들 엘리아스와 엘리아스의 친구 크리스티안, 작은
아들을 데리고 야외로 놀러 갔다.

그곳에서 작은 아들이 그네를 타려다 한 남자아이와 다투게 되었고, 안톤이 싸움을 말릴 때 남자아이의 아빠가 다짜고짜 안톤의 뺨을 여러 대 때렸다.

하지만 안톤은 저항하지도 않고 경찰에 신고하지도 않은 채 아이들을 데리고 그곳을 떠난다. 안톤은 아이들에게 이 사건은 이것으로 끝났으니 다시 문제 삼지 말자고 얘기했고, 아이들은 이를 이해할 수 없었다.

이후 엘리아스와 크리스티안은 안톤을 때린 사람의 주소를 알아냈고, 엘리아스는 안톤에게 주소를 알리며 그를 찾아가 결판내 주기를 기대한다. 안톤은 큰아들 엘리아스가 계속 이 사건을 마음에 두고 있다는 걸 알고, 아들에게 문제점을 제대로 이해시켜야겠다고 생각한다.

고심 끝에 안톤은 아이들을 데리고 자신을 때렸던 남자를 찾아가서 사과를 요구했다. 그런데 그 남자는 이번에도 안톤의 뺨을 여러 대 때렸고, 안톤은 끝내 저항하지 않았다. 안톤은 아들에게 말했다.

"봤지? 이 사람은 가치가 없는 사람이야. 자신의 감정도 통제하지 못하잖아."

안톤은 두 차례나 뺨을 맞았지만, 이 사건이 여기서 멈추기를 원했다. 그러나 크리스티안은 계속 복수를 하고 싶었고, 엘리아스에게 복수하자고 제안한다. 결국 이 둘은 안톤을 때린 남자의 차를 폭발시키기로 했다. 그런데 폭탄이 터지기 직전에 갑자기 어떤 사람이 차 옆을 지나갔고, 엘리아스는 그 사람을 구하려다 폭탄이 터지며 부상을 당한다.

크리스티안은 엘리아스가 죽은 줄 알고 심하게 자책하면서 자살을 하려고 한다. 이 일련의 사건은 모두에게 큰 상처가 되었다. 만약 아이들이 안톤처럼 자신이 맞더라도 사건을 멈춰야 한다고 생각했다면 안톤에 대한 두 번째 구타와 엘리아스의 부상, 그리고 크리스티안의 자살 시도는 없었을 것이다.

안톤의 행동을 이해하지 못하고 계속 복수하고 싶어 하면서 갈등을 만들었던 아이들은 마침내 피의 교훈을 통해 안톤의 행동이 얼마나 위대했는지 깨닫는다.

갈등을 해결할 능력을 상실한 우리들

—

인간 사회에서 폭력, 충돌, 전쟁이 끊임없이 계속되는 이유는 우리가 끝도 없이 갈등을 일으키지만 갈등을 해결할 능력은 없기 때문이다. 자신의 인생을 진정으로 변화시키고 싶다면, 안톤처럼 외적 갈등이든 내적 갈등이든 모든 갈등을 당장 종결시키는 법을 배워야 한다. 그럴 경우 표면적으로는 큰 손실과 피해를 입을 수 있고, 나약해 보일 때도 많을 것이다. 어쩌면 참기 힘들 만큼 화가 날 수도 있을 것이다.

하지만 자신의 눈앞에서 갈등을 종결시키는 것이 얼마나 위대한 일인지를 깨달아야 한다. 당신이 종결시키는 것은 언제든 발발할 수 있고 끝없이 이어질 수 있는 전쟁이다.

당장 갈등을 종결시키지 않으면, 당신은 갈등으로 촉발된 전쟁 때문에 많은 에너지를 소모해야 한다. 이를 위해 얼마나 많은 에너지가 소모될지 짐작할 수 있다.

우리가 갈등을 종결시키는 순간 아름다운 삶이 눈앞에 펼쳐진다는 사실을 기억하자. 내적 갈등이든 외적 갈등이든 모든 갈등을 우리가 지금 여기 눈앞에서 종결시켜야 한다. 이것이 자신을 변화시키고 향상시키는 궁극의 목표다.

chapter 31

마음속의 쓰레기를
추방하자

고통이라는 짐을 내려놓지 못하는 이유

―

친구 샤오첸小茜이 다니는 헬스클럽에 짜증나는 외국인이 있다고 한다. 이 외국인은 헬스클럽의 대다수 여성 회원들에게 집적대고 치근덕거려 모두의 미움을 샀다. 그는 샤오첸에게도 접근했다가 거절당한 적이 있었다.

어느 날 샤오첸이 친구들과 이야기하다 이 외국인 얘기가 나왔다. 샤오첸이 친구들에게 자신을 짜증나게 하는 이 사람을 혼내줄 방법이 있는지 물었다. 그러자 친구들은 상상력을 최대한 발휘해 각종 아이디어를 냈다.

그의 자동차를 긁어버리자, 그 사람 사진을 인터넷에 뿌려 네티즌 수사대에 맡기자, 폭탄처럼 꾸민 타이머를 보내서 놀라게 하자 등등 친구들이 아이디어를 하나씩 내니 온갖 방법이 다 나왔다.

이때 내가 한마디 했다.

"이게 어떻게 그 사람을 혼내주는 거야? 이렇게 해봐야 우리만 스스로 괴로울 뿐이지. 그 외국인 버릇을 고쳐보겠다고 우리가 이렇게 많은 에너지를 썼고, 그 사람 혼내주려다 혹시 무슨 문제라도 생길까 봐 계속 전전긍긍할 텐데, 이건 우리 자신을 힘들게 할 뿐이야. 우리가 그 사람에게 무슨 짓을 해도 아무 의미가 없어. 그런 사람은 멀리하고 무시하는 게 상책이야."

우리는 다들 이런저런 불쾌한 일을 겪으며 산다. 상사가 그동안 추진해 온 프로젝트 실패의 책임을 부하 직원인 당신에게 전가해 희생양으로 만들 수도 있고, 당신이 힘들게 일하면서 아이를 돌보는 동안 남편이 바람이 날 수도 있으며, 친구에게 비밀을 지켜달라고 신신당부했는데 얼마 후 모든 친구가 그 비밀을 알게 될 수도 있다.

이런 일이 생기면 마음속에 차곡차곡 저장돼 쉽게 잊히지 않고 원망이 좀처럼 사그라지지 않는다. 그런데 사실 모든 피해는 사건이 발생한 순간에 이미 끝났다. 우리가 지금 괴롭고 원망스러운 이유는 우리가 당시의 사건을 끊임없이 생각하기 때문이다.

우리 마음속에 저장된 것들이 끊임없이 우리 마음의 에너지를 소모하고 있다는 사실을 알아야 한다. 이들이 계속 자신을 괴롭히도록 우리 스스로 에너지를 공급하고 있는 것이다. 우리는 무의미한 일에 너무 많은 에너지를 쓰고 있다. 그리곤 이런 고통을 짊어지고 있으면서 내려놓지 못하는 이유가 뭔지 모른다. 이것은 마치 무거운 짐을 멘 채 숨을 헐떡이며 땀을 뻘뻘 흘리고 다리가 후들거려도 힘겹게 앞으로 걸어가는 것과 같다.

우리는 마음속으로 외친다. '힘들어 죽겠어, 아파 죽겠어, 이대로 더 이상 갈 수 없어!' 메고 있는 짐을 버리면 해방될 수 있는데 절대 그러지 못한다. 누가 강제로 시켜서가 아니라 우리 스스로 원해서 굳이 그 짐을 메고 있다는 사실을 깨닫지 못한다.

삶의 공간이 쓰레기로 가득 차면
—

자신에게 질문해 보자. 지금까지 고통을 짊어지고 있어서 무엇이 달라졌는가? 사실 아무것도 달라지지 않았을 것이다. 자신이 집착하고 있는 것들을 주의 깊게 살펴보면, 우리가 어떤 결과를 원하는지 모르는 경우가 많다.

원하는 결과가 없기 때문에 자신을 스스로 힘들게 하고 에너지만 소모된다. 이 고통 때문에 우리는 늘 불평불만으로 가득 차 있다. 이점을 제외하고는 아무것도 달라진 게 없다. 우리는 과거의 일을 계속 마음에 담아두지만, 갈등을 일으킨 당사자는 이미 오래전에 그 일을 완전히 잊었을지도 모른다.

얼마 전에 친하게 지내는 고등학교 동창을 만나 이야기를 나누었다. 학교 다닐 때 우리가 심하게 다툰 적이 있다고 친구가 얘기해 주었다. 주먹이 오갔고 친구가 내 책을 몇 권이나 찢었고, 나는 친구의 코뼈를 부러뜨렸으며, 그 이후 한 달 동안 서로 아는 척도 안 했다고 한다.

그 당시 우리가 싸웠던 장면을 친구가 상세히 이야기하니 나도 어렴풋이 기억이 났지만, 친구가 그 얘기를 꺼내지 않았으면 나는 전혀 기억하지 못했을 것이다. 친구는 그렇게 상세히 기억하고 있는데 말이다.

동일한 사건에 대해 그 친구는 생생하게 기억하는데 나는 전혀 기억하지 못하는 이유가 뭘까? 이것은 그가 에너지를 사용해서 기억을 유지해 왔다는 사실을 보여준다.

우리는 다른 사람의 실수를 들추고, 다른 사람이 무심코 한 말을 마음에 담아두고, 다른 사람의 무의식적인 행동에 신경 쓰고, 다른 사람의 생각을 알아차리려고 하기 때문에 괴롭고 고통스럽다.

그동안 수집한 방대한 정보 더미에서 무엇인가를 찾아내려 애쓰지만 아무런 소득도 없이 쓰레기만 쌓이게 된다. 감당하지 못할 정도로 쌓인 쓰레기는 마음속에서 썩어가고, 우리는 에너지를 소모하면서 고통과 괴로움을 만들어 내다가 결국 삶의 시간까지 갉아먹는다.

쓰레기 속에서 자신에게 가치 있는 것을 찾으려 애쓰는 것은 헛수고일 뿐이다. 감당하기 어려운 쓰레기를 모으느라 자신을 괴롭히지 말자. 우리 마음에는 쓰레기가 아니라 행복이 쌓여 있어야 한다. 우리 삶의 공간이 쓰레기로 가득 차면 행복이 머물 곳이 없어진다.

chapter 32

집착을 버리면
생기는 일들

우리 앞의 걱정 상자

—

한 심리학자가 흥미로운 실험을 했다. 그는 상담을 요청한 사람
들에게 매주 일요일 저녁마다 다음 주에 걱정되는 일을 모두 종
이에 적어서 '걱정 상자'에 넣도록 했다.

셋째 주 일요일에 심리학자는 상담자들 앞에서 걱정 상자를
열어 걱정거리들을 하나하나 체크했다. 그 결과, 그들이 걱정된
다고 생각했던 일의 90%는 실제로 일어나지 않았다.

심리학자는 걱정거리라고 되어 있는 나머지 10%의 내용을
다시 상자에 넣고 3주 후에 함께 해결책을 찾아보자고 했다.

3주가 지나고 다시 체크해 보니 종이에 기재된 걱정은 더 이상 걱정거리가 아니었다.

통계에 따르면 사람들이 걱정하는 일의 92%는 일어나지 않으며, 나머지 8%는 어찌 되었든 처리할 수 있다. 그러므로 우리가 걱정하는 일의 대부분은 머릿속에서만 일어날 뿐 현실에서 실제로 일어나지는 않는다. 또한 우리가 걱정하는 일이 실제로 일어나더라도 삶에 막대한 피해를 주지 않을 것이다. 이 주장에는 근거가 있는데, 혹시 믿기지 않으면 자신의 성장 과정을 돌이켜 보자.

중학교 때, 열심히 공부해서 명문 고등학교에 진학할 수 있다고 자신만만했지만 평범한 고등학교에 가게 돼서 괴로웠다. 몇 년 후 대학 입시도 뜻대로 되지 않아 평범한 대학에 가게 되었을 때 실의에 빠졌다. 대학 다닐 때 연애를 시작해서 여자친구를 깊이 사랑했다. 하지만 졸업 후 각기 다른 도시에서 제 갈 길을 가게 되어 괴로운 한때를 보냈다.

사회생활을 시작하면 원대한 꿈을 야심 차게 펼치고 싶었다. 하지만 취직하기가 너무 힘들었고, 그나마 간신히 들어간 회사는 급여가 형편없이 낮아서 너무나 절망적이었다. 그러나 세월은 흐르고 흘러 순식간에 5년이 지나고 10년이 지났다. 이제 당신은 사랑하는 아내, 귀여운 아이와 함께 단란한 가정을 이뤘고 업무성과가 뛰어나 연봉도 높아졌다.

당신은 학생 시절과 사회 초년생 시절의 괴로움과 절망감을 여전히 기억하는가? 아마도 많은 사람이 그 당시 괴롭고 고통스럽던 순간을 이제는 웃어넘길 것이다.

눈앞의 일이 걱정될 때 과거를 돌이켜 보자. 과거에 우리를 괴롭히는 일이 많았지만 모두 다 지나갔고, 우리는 지금 잘 살고 있다. 오늘의 걱정은 내일이 되면 과거가 된다.

우리는 항상 지금이야말로 일생일대의 고통을 겪고 있으며 오늘을 넘기기 어려울 만큼 괴롭다고 생각한다. 하지만 생각해 보자. 우리가 항상 이런 고통 속에서 괴로워하면서 살지는 않는다. 과거의 고통을 돌이켜 보고 현재의 자신을 바라보면 부정적인 생각들이 사라지지 않을까?

이때 우리는 행동해야 한다
—

특정한 물건을 찾는 과정을 통해 자신의 심리 변화를 이해해 보자. 생일선물로 받은 여러 개의 상자 중에 하나가 안 보일 때, 그 선물을 쉽게 찾지 못하면 중요한 사람이 준 선물, 내가 오랫동안 소중히 간직할 선물, 한정판이라 소장 가치가 있는 선물 등 특별한 의미가 있는 선물의 가치와 좋은 점만 계속 생각날 것이다.

이런 생각 때문에 우리는 많은 에너지를 쓰면서 선물을 찾아 헤맬 것이다. 이때 선물을 찾지 못할수록 선물에 대한 집착은 더 커지게 된다. 그런데 마침내 그 선물을 찾게 되면 그 동안의 애타던 심정은 한쪽 구석에 내버려 둔 채 오랫동안 눈길도 주지 않을 것이다. 우리가 그 선물을 힘들게 찾아 헤매던 당시 마음속으로 생각했던 가치와 의미가 모두 사라졌기 때문이다.

우리가 현실을 바라보지 못하고 하나의 생각에만 집착할 때, 고통과 괴로움이 더욱 커진다. 우리가 특정한 생각에 사로잡히면, 자신의 역량을 사용해서 자기 자신을 스스로 괴롭히는 고통을 만들어 낸다.

그렇다. 집착을 버리면 고통도 사라진다. 이로써 고통이란 자신이 관념을 통해 자기 자신을 벌하는 어리석은 방법이라는 사실을 알게 된다. 잠도 못 자고 밥도 못 먹을 정도의 걱정거리가 있어서 그것을 해결하려고 많은 시간과 노력을 들인다면, 그것은 자기만의 관념 속에서 생각 자체에 반응하여 스스로를 괴롭히는 것이다.

이때 우리는 행동해야 한다. 온전히 일에 몰두해 직접 체험해야만 머릿속 괴로움이 사라지고 걱정과 두려움이 발붙일 곳을 잃게 된다. 행동이 여의치 않다면 이를 완전히 무시하고 잊어야 한다.

그렇지 않으면 걱정, 괴로움, 두려움이 활개를 치도록 우리가 스스로 방조하게 된다. 우리는 아무것도 잃지 않는다는 점을 기억하자. 우리의 머릿속에서 관념이 만들어 낸 거품이 터질 뿐이다.

chapter 33

당신이 외롭다고
말하는 이유

자기 방식대로 해석하고 추측하면서

—

우리는 다른 사람들과 더불어 살면서도 자기 소모적 게임에 빠지곤 한다. 그래서 사람들은 군중 속에 있어도 늘 고독감을 느낀다. 다른 사람들에게 이해받지 못하고 인정받지 못하기 때문이다.

그런데 이것보다 더한 외로움의 근본적인 이유가 있다. 상대방이 싫어하는 방식으로 상대를 대하고, 나 또한 남들에게 동일한 방식으로 취급받기 때문이다. 사람들은 자기 정체성과 우월감에 대해 끝없는 욕구를 가지고 있기 때문에 남들과 지내면서도 늘 고독감을 느낀다.

샤오칭小青은 대중 앞에서 발표하는 것을 별로 좋아하지 않는다. 그러자 동료들은 그가 말 없는 사람이라고 생각해서 회의 때 그에게 의견을 구하거나 발언 기회를 주지 않았다. 그래서 샤오칭은 말할 기회가 더욱 없어졌다. 동료들은 아예 그를 말 없는 사람으로 정의하고 발언권을 박탈해 버린 것이다.

사실 샤오칭은 가족과 친구들 앞에서는 쉴 새 없이 떠들어대는 수다쟁이다. 단지 대중 앞에서 발표할 때는 긴장할 뿐이지 원래 말수가 적은 게 아니다. 그래서 샤오칭은 동료들이 자신을 말 없는 사람으로 대하는 게 싫었다.

아쥐안阿娟은 샤오칭과 같은 회사에서 근무하는 문서 담당자이다. 중요한 회의가 있던 어느 날 아쥐안은 회의자료 중에 결론 부분에 해당하는 5페이지를 빠뜨린 채 준비했다. 그 때문에 그날 회의는 엉망으로 진행되고 말았고, 그날 이후 아쥐안은 부주의한 사람으로 낙인찍혔다.

아쥐안은 그날 이후 동료들이 자신을 신뢰하지 않는다는 사실을 알게 되었다. 아쥐안은 자신이 이런 취급을 당하는 게 싫었고, 동료들의 태도에 반감이 생겼다. 결국 샤오칭과 아쥐안은 상대방이 싫어하는 방식으로 상대를 대하고, 자신 또한 남들에게 동일한 방식으로 취급되고 있었다.

샤오칭은 동료들이 자신을 말주변 없는 사람으로 생각하는 걸 원치 않았고, 아쥐안은 동료들이 자신을 부주의한 사람으로 생각하는 걸 원치 않았다. 실제로 특수한 상황을 제외하면 샤오칭은 말 없는 사람이 아니고 아쥐안은 부주의한 사람이 아니기 때문이다.

두 사람은 동료들이 자신에게 꼬리표를 붙이고 이런 식으로 대하는 걸 결코 원치 않았다. 그러면서 두 사람도 남들에게 꼬리표를 붙이고 똑같은 방식으로 대하고 있었다.

어떤 사람이 내가 싫어하는 방식으로 나를 대할 때, '그 사람은 나를 전혀 이해하지 못해!'라는 생각이 든다. 그러면서 대부분 타인에 대한 원망과 분노, 그리고 혼자 동떨어져 있다는 감정을 느낀다.

사람들은 왜 그렇게 남의 행동을 자기 방식대로 해석하고 추측하면서 꼬리표를 붙이려고 할까? 자아의식이 통제력과 안전감을 얻고자 하기 때문이다. 사람들은 불확실한 것을 마주하기 싫어하므로 불확실한 세상을 어떻게든 확정 지으려고 한다. 이는 사람에 대해서도 마찬가지다.

홀로 생각하고 홀로 직면하라

—

특별한 개성이 없고 예측하기 어려운 사람과는 어떻게 지내야 하고 어떻게 대해야 할지 몰라서 당황하는 경우가 많다. 자아의 식은 상대방의 말, 행동, 웃음, 목소리 등을 통해 상대가 어떤 사람이라고 단정하려고 한다.

그렇게 해야만 상대와 어떻게 소통할지, 상대를 어떤 방식으로 대해야 할지 알 수 있으며, 그제야 통제력과 안전감을 얻게 된다. 하지만 이런 식으로 상대를 단정 지을 때 편견에 빠지거나 오판하는 경우가 많다. 많은 사람이 자신의 생각과 원하는 바를 정확하게 표현하지 못하기 때문이다.

사실 우리는 모두 인지적인 면에서 남을 제대로 이해하기 위해 지나치게 많은 에너지를 사용하려 하지 않는다. 우리는 최소한의 단서를 가지고 성급하게 일반화하기를 좋아한다. 어떤 문제가 환경적 요인 때문인지 성격 때문인지 충분히 고려하지 않고, 몇 가지 단서로 자아의식을 설득하려 한다.

상대에게 쉽게 꼬리표를 붙여 틀에 가두면 우리는 통제력과 안전감을 얻게 된다. 이는 최소한의 시간과 노력으로 살아 움직이는 불확실한 사람을 대하는 방법이며, 우리는 이런 방식을 통해 상대를 이해하고 있다고 스스로 생각한다. 어차피 사람들이 원하는 건 사실이 아니라 느낌이기 때문이다.

그런데 문제는 이런 편견이 심리적 관성을 만들어 자신이 보고 싶은 것만 보게 한다. 자신이 보고 싶은 것만 본다면, 상대방을 이해할 필요 없이 정형화된 방식으로 상대를 대할 수 있기 때문이다. 그 결과 사람들은 다른 사람과 사물의 진정한 모습을 결코 볼 수 없게 된다.

사람들이 이런 식으로 다른 사람과 이 세상을 대하기 때문에 모두 자신이 이해받지 못한다고 느낀다. 사람들은 통제력과 안전감을 추구할 때 고독감을 느낀다. 통제력과 안전감은 다른 사람과 이 세계를 거부하는 담장을 쌓음으로써 만들어지기 때문이다.

그래서 담장 안에는 안전감뿐만 아니라 고독감도 도사리고 있다. 사람들이 상호 작용하는 방식 때문에 고독감이 만들어지므로 우리가 외로움을 느끼고 싶지 않다면 먼저 다른 사람을 대하는 방식을 바꿔야 한다. 그러기 위해서는 홀로 생각하고 홀로 직면하는 법을 배워야 한다.

chapter 34

왜 타인의 평가에
연연해할까?

오늘 일어난 일을 내일 해결하려고

—

네티즌과 소통하다 보면 이런 종류의 고민을 많이 접한다.

"남들의 평가가 자꾸 신경 쓰여요. 나의 외모, 말, 행동에 대
해 남들이 어떻게 생각하는지 궁금해서 내가 이렇게 하는 게 옳
은지, 이렇게 하면 남들이 좋아할지를 항상 생각하게 돼요. 이
런 생각 때문에 늘 정상적으로 나 자신을 표현하지 못하고 자신
감도 없고 사람 많은 곳에 가는 게 꺼려질 때도 있어요. 이런 나
자신이 싫어요. 제가 비정상인가요? 저는 어떻게 해야 하나요?"

우선 이 상황이 정상적인지 살펴보자. 우리는 모두 남들이 나

에 대해 어떻게 생각하는지 신경 쓰면서 산다. 다들 그렇지 않은가? 이것은 정신 질환도 아니고 아무 문제가 되지 않는 지극히 정상적인 행동이다.

그런데 이것을 우리가 옳지 않은 행동, 좋지 않은 행동, 비정상적인 행동이라고 생각하기 때문에 문제로 인식하는 것이다. 우리 뇌는 옳지 않음, 좋지 않음, 비정상 이런 종류의 말에 매우 민감하다. 사람들은 이런 말을 들으면 자아의식을 보호하려고 한다. 자아의식은 자신이 잘못된 길에 들어설까 봐 두려워하고 남들에게 부정당할까 봐 두려워한다.

그래서 어떤 생각을 비정상적이라고 정의하면 자아의식은 이 생각을 중요하게 받아들이고 이에 집착한다. 이렇게 되면 곧바로 저항과 거부 단계에 진입해, 비정상적이고 바람직하지 않은 자신을 거부한다.

당신이 정상적인 문제를 비정상으로 간주함으로써 정상적인 자아와 비정상적인 자아가 마음속에서 분리된다. 그러면 당신은 눈앞의 진정한 자기 자신에 저항하고, 대범하고 고상하며 언변과 재능이 뛰어나고 식견이 넓은 이상적인 모습을 갈망한다.

당신은 이상적인 모델 속으로 자신을 집어넣으려 하지만, 이는 현실 세계에서 불가능하다. 바로 이때 진정한 자기 자신과 이상적인 자아의식 사이에 갈등이 생긴다. 당신은 불완전한 사람인데, 이상적이고 완벽한 자아가 되고 싶어 한다.

다시 말해서 당신은 자신이 아닌 다른 무언가가 되기를 원하는 것이다. 모든 고통과 괴로움은 옳고 그름 사이의 저항과 갈등에서 비롯된다.

많은 사람이 남들의 평가에 신경 쓰면서 사는데, 왜 유독 나만 이 문제로 괴로움을 느끼는 걸까? 당신이 아주 오랫동안 이러한 갈등 속에서 몸부림치고 많은 시간과 노력을 들여 이 생각에 집중하면서 갈등을 키우기 때문이다.

당신이 이 문제에 집착하면서 아무것도 아닌 간단한 것을 문제 삼아, 자신의 힘으로는 해결하지 못하는 중대한 문제로 만들어 버린 것이다. 그 결과 당신은 통제력을 상실하고 길을 잃어 괴로워하고 있다.

그렇다면 우리는 이 문제를 어떻게 해결해야 할까? 우선 이런 문제는 충분한 시간을 갖고 천천히 해결하려고 하면 안 된다. 이런 문제를 해결하는 데 시간이 필요할까? 이점에 대해 생각해 봐야 한다. 지금 당신이 느끼는 생각과 지금 발생한 문제를 미래에 해결할 수 있을까?

'각주구검刻舟求劍'이라는 고사성어가 있다. 한 사내가 배를 타고 강을 건너던 중에 손에 들고 있던 보검을 강에 떨어뜨렸다. 이 사내는 곧바로 강에 뛰어들어 보검을 찾지 않고 황급히 단도를 꺼내 보검이 떨어진 자리를 뱃전에 표시했다.

왜 빨리 강에 뛰어들어 보검을 찾지 않느냐고 사람들이 묻자, 이 남자는 보검이 떨어진 자리를 뱃전에 표시했으니 배가 나루에 도착한 후에 보검을 찾을 수 있다고 말했다.

현재 발생한 일을 미래에 해결하려는 것은 각주구검 이야기 속의 사내처럼 어리석은 짓이다. 이렇듯이 우리는 현재 발생한 일을 미래에 해결하려고 하면서 문제를 해결할 수 없다고 착각하는 경우가 많다.

다음 문장을 어떻게 쓸지 집중하라

—

특히 심리적인 문제는 마음이 움직이기 시작한 순간에 발생하므로, 그 순간에 곧바로 문제를 해결해야 한다. 나중에 그 문제를 해결하려고 해봤자 이미 자신을 바꿀 수 있는 기회를 놓쳐버려 아무 소용없다. 그러므로 충분한 시간을 갖고 천천히 해결하려고 하면 이미 문제를 해결할 타이밍을 놓쳐 해결할 수 없게 된다.

그러면 어떻게 해야 할까? 단도직입적으로 말하면 생각을 너무 많이 하지 말고, 하고 싶은 말이 있으면 직접 말하고, 하고 싶은 일이 있으면 직접 행동하면 된다.

많이 생각하면 자아의식이 개입되면서 문제를 만들고 자신을 보호하려고 하면서 이렇게 말하는 게 옳은지, 이렇게 하면 남들이 좋아할지 신경 쓰게 된다. 그러므로 자아의식이 개입하지 못하도록 생각을 적게 해야 한다.

또한 우리는 관념의 작용을 멈추는 법을 배워야 한다. 만약 관념의 움직임을 관찰하지 못했다면, 자신이 남들의 평가에 신경 쓴다는 것을 깨닫는 바로 그 순간에 행동해야 한다.

남들이 자신에 대해 뭐라고 평가하든 모두 정상적인 거라고 스스로 암시할 수 있다. 그리고 관념의 작용을 무시한 채 자신이 하고 있는 일에 집중하면 된다.

예를 들어 원고를 쓰는 중이라면 다음 문장을 어떻게 쓸지에 집중하고, 식사 중이라면 음식의 맛을 하나하나 음미하고, 발표 중이라면 말하는 내용에 집중하면 된다. 관념이 작용하는 순간, 마음이 분산되고 진정한 자기 자신이 사라지면서 자아의식이 뇌를 장악한다.

그러므로 즉시 자신이 하는 일로 돌아와 일에 집중해야 한다. 만약 그 순간에 하고 있는 일이 없다면 일을 만들어서라도 해야 한다. 물을 한 컵 따르거나 창밖을 내다보거나 화장실에 가거나 어떤 행동을 해도 무방하다. 지금 당장 관념의 작용을 중단시키고 곱씹어 생각하지 못하도록 막는 것이 중요하다. 우리 뇌는 정상적인 것에 무관심하다는 사실을 기억하자.

마지막으로 우리가 관념에 농락당하지 않으려면 자신의 관심사를 찾아야 한다. 우리가 남들의 평가에 지나치게 연연하는 이유는 자기 자신의 삶이 없기 때문이다. 자신이 좋아하는 일이 없고 주관이 없고 삶의 방향이 없고 의문을 제기할 능력이 없으면, 우리는 무기력해지고 줏대 없이 다른 사람을 따르며 남들로부터 인정받기를 갈망한다.

우리는 많은 시간을 할애해 남들에게 관심을 쏟으면서 정작 자기를 홀대한다. 그러다 보니 남들이 자신에 대해 어떻게 생각하는지 신경 쓸 수밖에 없다.

자신이 좋아하는 대상을 발견하면 마음속에 사랑이 있기 때문에 남들의 평가가 그다지 신경 쓰이지 않을 것이다. 사람들은 마음속에 사랑이 없으면 두려움을 느끼고 남들로부터 인정받기를 갈망한다.

chapter 35

당신은 이미
충분히 뛰어나다

열두 살 때 당신은 무엇을 하고 있었나?

—

한 네티즌이 이런 말을 했다.

"우수하고 강한 사람만 더 나은 삶을 살 수 있어요. 나는 지금
우수하지도 않고 강하지도 않아서 잘 살지 못하는 것 같아요.
끊임없이 노력해서 더 탁월해져야겠어요."

나는 그에게 이렇게 말해주었다.

"당신은 우수하지 않은 것도 아니고 능력이 부족한 것도 아
니에요. 다만 지금 당신의 능력과 우수성을 어떻게 펼쳐야 할지
모를 뿐이에요."

　　　　　　　그때 왜 그 선택을 했을까?

자신의 능력이 부족해서 원하는 일을 못하므로 시간을 투자해 능력을 향상시키고 더 탁월해지고 더 우수해져야 한다고 생각하는 사람이 많다. 여기서 짚고 넘어갈 문제가 있다.

자신의 능력이 부족하므로 시간을 투자해 더 우수해지면 원하는 일을 할 수 있고 원하는 삶을 살 수 있을 거라고 생각하는데, 이는 완전히 잘못된 생각이다.

자기 삶에 시간 개념을 도입하면 삶 자체의 역량을 무시하게 된다. 삶 자체는 무한한 가능성을 만들어 낼 수 있는 에너지이므로, 그 자체로 충분히 우수하고 강하다. 미래의 완벽한 삶을 추구하지 말고, 지금 삶을 꽃피우면 된다.

삶의 역량은 평등하다. 자신이 남보다 못하다, 남보다 약하다, 우수하지 않다, 탁월하지 않다고 생각하는 이유는 지금 자신의 삶의 역량을 어떻게 펼쳐야 할지 몰라서 역량을 발휘하지 못하기 때문이다.

그렇다면 당신의 에너지는 어디에 있을까? 답은 간단하다. 자아의식이 당신 삶의 역량을 제약하고 있으며, 우수하고 강한 역량을 소모하고 낭비하면서 살게 만들었다. 그동안 자기 자신을 위해 무엇을 했는지 한번 생각해 보면, 당신이 삶의 역량을 꽃피우고 있는지를 알게 될 것이다.

중국 구이저우성貴州省에 사는 12세 소년 평즈웨이彭智偉는 일
곱 살 때 아버지가 돌아가셨고 엄마는 큰 병을 앓고 있었다. 평
즈웨이는 여덟 살 때부터 침놓는 법을 배웠고, 아홉 살 때는 마
사지와 부항 치료를 배웠으며, 열한 살 때 폐품을 팔아 돈을 벌
었다. 그러면서도 병원에 계신 엄마를 정성껏 간호했다……. 그
렇게 지난한 삶을 살다 보니 아이는 푼푼이 모아둔 돈을 전부
써버렸다. 그래도 실망하지 않고 온종일 병원과 학교를 오가면
서 틈틈이 폐품을 팔아 생활했다.

많은 사람들이 이 아이에게 삶은 너무 잔인하다고, 이 아이가
너무 불행하고 불쌍하다고 생각한다. 하지만 나는 이것이야말
로 소년에게 진짜 삶의 역량이 될 거라고 생각한다. 평범한 가
정에서 자란 아이가 평즈웨이라면 이 나이 때 무엇을 하고 있으
며 무엇을 할 수 있을까?

당신의 진짜 인생은 이제 시작이다
—

우리는 소년의 나이 때 무엇을 할 수 있었을까? 자기 앞가림을
하는 것만도 다행이 아닐까? 그렇다면 이렇게 묻고 싶다. 평즈
웨이는 당신보다 능력이 뛰어난가? 더 우수한가? 아닐 것이다.

다만 이 소년은 자신이 더 우수해지면, 능력이 더 생기면 그때 가서 이런 일을 하고 저런 문제를 해결하겠다고 생각하지 않았을 뿐이다. 그는 핑계 대지 않고 늘 삶에 맞섰다. 그랬기에 그는 남보다 훨씬 더 우수하고 강인해 보인다.

사실 당신이 삶에 직면하지 못하고 삶의 역량을 꽃피우지 못하는 이유는 능력이 없어서가 아니고 우수하지 않아서도 아니다. 그 이유는 제자리걸음과 답보상태를 스스로 옹호하고 있기 때문이다. 그래서 당신은 평범하고 능력이 부족해 보이는 것이다.

미국 버지니아 주에 사는 30대 남성 케니Kenny는 어릴 때 희귀병으로 인해 다리를 절단해야 했다. 그런데 케니는 휠체어와 의족 사용을 거부하고 꿋꿋하게 손으로 걸어 다닌다.

그는 삶을 사랑하고 스포츠를 즐기고 사랑하는 사람도 만났다. 그는 굳건하고 낙천적이며 다채로운 삶을 살고 있다. 상반신만 있는 사람도 이렇게 멋진 인생을 살 수 있고 이토록 찬란하게 삶의 역량을 꽃피울 수 있는데 건강한 팔다리를 가진 우리의 삶에는 왜 이렇게 문제가 많을까?

당신은 무엇을 하고 싶고, 어디에 가고 싶은가? 당신이 삶이고, 삶 자체가 에너지이다. 당신은 그냥 살아 있으면 된다. 살아 있는 한 삶의 에너지가 당신을 밀어준다. 기다릴 필요 없고, 조건을 갖출 필요 없고, 이유도 필요 없으며 단지 삶을 끌어안기만 하면 된다. 삶 자체가 에너지이므로 당신이 원하는 일을 하도록 도울 것이다.

오늘부터 당신에게 부족한 게 없다는 사실을 기억하라. 당신의 결핍은 자아의식과 관념의 속박으로 만들어진 것이다. 온전히 자기 자신의 삶을 살고 싶다면 자신의 속박을 양파를 까듯 하나하나 벗겨내야 한다. 그 결과 속박이 모두 없어지면 진정한 당신이 눈앞에 나타날 것이다. 처음부터 당신에게 지혜와 역량이 있으므로 아무것도 두려울 게 없다. 당신의 진짜 인생은 이제 시작이다.

새로운 삶을 원하는가?
아니면 그럭저럭 살고 싶은가?
오늘의 내가 내일의 나를 결정한다.
모든 답은 여러분에게 달려 있음을
기억하기 바란다.

옮긴이 이무영

건국대학교 철학과를 졸업하고 서울외국어대학원대학교에서 통번역학 석사 학위를 받았다. 베이징 대외경제무역대학에서 수학했다. 현재 출판기획 및 중국어 전문 번역가로 활동하고 있다.

그때 왜
그 선택을 했을까?

초판 1쇄 인쇄일	2022년 04월 18일
초판 1쇄 발행일	2022년 04월 27일

지은이	청즈량
옮긴이	이무영
발행인	이지연
주간	이미숙
책임편집	이정원
책임디자인	권지은
책임마케팅	이운섭
경영지원	이지연

발행처	㈜홍익출판미디어그룹
출판등록번호	제 2020-000332 호
출판등록	2020년 12월 07일
주소	서울시 마포구 독막로18길 12, 2층(상수동)
대표전화	02-323-0421
팩스	02-337-0569
메일	editor@hongikbooks.com

제작처	갑우문화사

ISBN	979-11-9142-077-7 (03190)